日本語言始

にほんご ことはじめ

日本語言始　目次

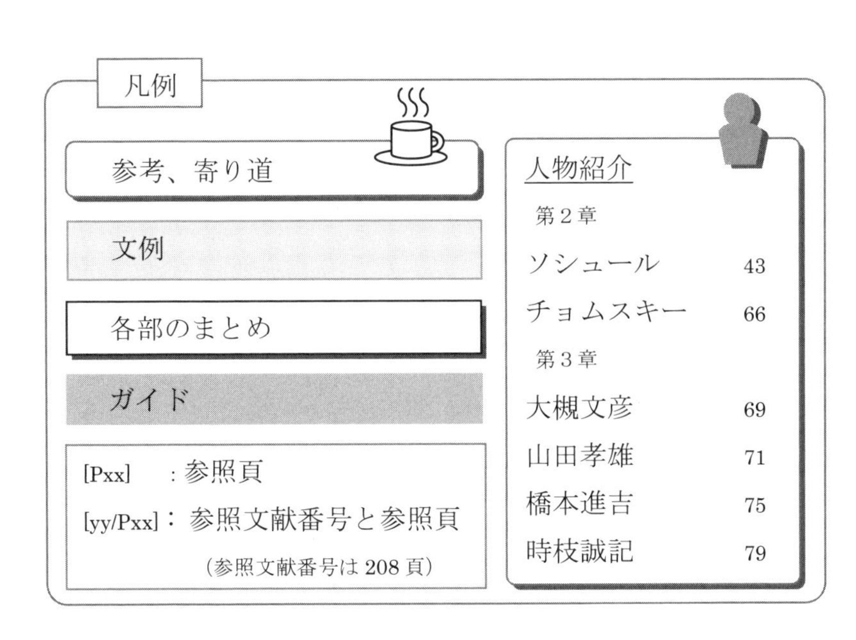
凡例
参考、寄り道
文例
各部のまとめ
ガイド
[Pxx]　：参照頁
[yy/Pxx]：参照文献番号と参照頁
（参照文献番号は 208 頁）
人物紹介
第２章
ソシュール　43
チョムスキー　66
第３章
大槻文彦　69
山田孝雄　71
橋本進吉　75
時枝誠記　79

はじめに

私たちは日常それ程不便を感じずに日本語、つまり「ことば」を使っています。けれども私たちの使っている「ことば」も、先人たちの長い歴史の中で今の形になってきました。私たちは「ことば」をどのようなものとして考えればよいのでしょうか。

「ことば」をどのようなものとして捉えるかということは、研究者の間でも様々に考えられてきました。日本では和歌を詠んだり鑑賞するための歌論が中心だったようです。欧米ではインド・ヨーロッパ言語の祖語を研究する比較言語学が発展しました。音素、語彙を中心に、また統語論として、記号論として研究されました。

本書では「ことば」を考えるにあたって、その始まりから、つまり人類による「ことば」の獲得過程から考えてみたいと思います。「ことば」の獲得過程から考えることによって「ことば」に対する新しい見方も出てくると思います。もちろん本書のタイトルは『日本語言始（ことはじめ)』ですから、対象言語は日本語ですが、「ことば」の性質を考えるうえで英語、中国語も参考にしたいと思います。

第１部では、まず「ことば」とは何かを考えるために、「ことば」がどのように使われ、研究されてきたか(言語学)を簡単に振り返ります。
第２部では、人類による「ことば」の獲得過程を推定します。
第３部では、「ことば」とは何かを再度考えてみたいと思います。

それでは、長い人類の「ことば」の旅、日本語の旅の始まりです。
まず、日本語の歴史のエポック・メイキング、日本で最初に書かれた書物から考えてみます。

712年、現存する日本で最初の書物とされる
『古事記』が元明（げんめい）天皇に奏上される。

書物に記録された日本語の歴史がここから始まります。

第１部　「ことば」の研究と文法

私たちは「ことば」がどのように作られ、研究されてきたかを考えたいと思います。

「ことば」といっても、最初にあったのは話し言葉です。書き言葉、すなわち文字の無い文明はあっても、話し言葉の無い文明は考えられないでしょう。人類は何万年、何十万年前から話し言葉を持っていたようですが、日本語では文字は高々千数百年の歴史しかありません。しかし話し言葉は残りませんから、「ことば」について考えるにあたっては、まず書き言葉（文字）について考えるしかないようです。

そういうわけで、第１部では日本への文字の伝来と（現存する）最古の書物から、話を始めます。

第１章では、『古事記』から戦後までの、日本の「ことば」の探求と、「ことば」を身近なものにするための試みについて振り返ります。

第２章では、「ことば」の決まり、つまり文法を考えるにあたって、欧米の二人の偉人、19 世紀の初頭にかけて言語学の基礎を築いたソシュールと、現在なお活躍しているチョムスキーについて紹介します。彼らは日本の文法研究にも大きな影響を残し、また与え続けています。

第３章では、ソシュールら、欧米の言語学の影響を受けた明治以降の日本の文法研究について、特に橋本進吉の音韻研究と文節文法、時枝誠記の言語過程説について紹介します。

第１章　日本語はどのように作られてきたか

1.1　漢字を学ぶ

現存する日本最古の書物は『古事記』だと言われています。

もちろん『古事記』が書かれる以前にも日本語は話されていたわけですが記録に残っていません。そのためにまず書き言葉から見ていきます。

1.1.1 文字と中国文化の吸収

外交文書に使われた文字

中国の後漢の時代（1 世紀）に、中国を訪れた倭国の使者に「漢委奴国王」と書かれた金印を送ったという記録が、中国の歴史書（『後漢書』）にあります（この金印は江戸時代に博多湾の志賀島で発見されました）。

邪馬台国の時代（3 世紀）には卑弥呼の使者が中国へ渡り、卑弥呼からの手紙を魏の皇帝に奏上しています。中国からも返書が届けられ、邪馬台国が危機に陥ると激励（叱責）の手紙もやり取りされたことが『三国志』の中の「魏書第三十巻烏丸鮮卑東夷伝倭人条」（いわゆる『魏志倭人伝』）に記載されています。

5 世紀には、倭の五王（讃・珍・済・興・武）が中国に朝貢していました。特に倭王の武（雄略天皇との説が有力）は宋の順帝に上申書を送り、位を願ったことが『宋書』に記載されています。

このように日本人が最初に目にした文字とは中国語の文字、漢字であり、中国との書類のやりとりは中国語を使わざるを得ませんでした。もちろん日本（倭国）と中国の国力・文化の違いが大きすぎたのですが、なんといっても日本には文字がなかったのです。

こういった時代、日本で実際に手紙を書いたり読んだりしていたのは、きっと中国や朝鮮半島から渡ってきた渡来人だったのでしょう。つまり外国からきたお雇い官僚が外交文書を解読、作成していたようなもので、日本人は相当の高位にある政治家でも、文字（漢字）を読める人はほとんどいなかったと思います。大多数の日本人にとっては、文字は縁の無いものだったのです。

権威づけとしての文字

中国から鏡や刀剣などの文物が日本に伝わりました。日本の支配者はそれらを自らの権威づけに使います。中国から伝わった鏡や刀剣には製造の由来などが漢字で書かれていましたから、日本で生産した鏡や刀剣にもなにがしかの銘を書いて権威を高めようとしました。

埼玉県稲荷山や、熊本県江田船山などの古墳から出土した鉄剣や太刀には、漢字で書かれた銘文が残されています。こういった当時の墓などから発掘された刀剣や墓碑・墓誌銘など、金属や石に書かれた文字は金石文と呼ばれます。

中国文化を学ぶための文字

『古事記』の記述によると、応神天皇（倭の五王のうちの讃という説が有力です）の時代に、『論語』10巻と『千字文』が百済から伝わります（4世紀末から5世紀初頭か？）。これが初めての日本への文字の（正式な）伝来と考えられています（『千字文』とは、中国で作成された250の四字句からなる漢字練習用のテキストです）。[15/P12]

正確に中国語を理解する外交上の必要と、そしてなによりも大陸の文化を学ぶ必要が日本の側に出てきたということでしょう。大陸文化を学ぶ上で中国語の正確な理解・学習が必要になり、中国語の先生が文字を持参したということのようです。

逆にいうと、文字がなかったら中国文化の吸収は難しかったことでしょう。幕末にも多くの日本の学者がオランダ語や英語を学び、書物を通じて西洋文明を取り入れました。

このように、

① 中国との外交文書の読解・作成

② 国内への漢字での権威づけ

③ 中国文化の理解・吸収

というように、漢字の必要性は少しずつ変化しますが、ついには文字を使って日本語を書き表したいという欲求が生まれます。

1.1.2 日本語を「書く」試み

漢字で書いて日本語らしく読む

日本に文字が伝わったのですが、だからといって当時の日本人がすぐに文字を使って日本語を書けたわけではありません。伝わった文字（漢字）は元々中国語を書くための文字ですから、日本語を表記できるはずがないのです。ですから当時の識者たちは文書を書く場合は中国語で書きました。書くということは中国語だけが持つ属性だったわけです。

しかし、日本人にも見て分かるように書きたいという欲求は当然でてきますから、「漢字を使って書き、日本人に分かるように読む」という方法を編み出します。つまり漢文訓読です。

分かりやすく例えるために、聖徳太子に登場していただきます。聖徳太子（6～7 世紀）は「皆仲良くしましょう」と日本語で書く手段が無かったので、「以和為貴」と中国語で書きました。でもこれを中国語で

「イー・ハー・ウエイ・クイ」（とりあえず現代中国語の発音です）と読んでも、日本人には理解できません。それで日本人にも聞いて分かるように「和を以て貴しとなす」と読んだのだと思います。個々の単語の発音も語順も全く違うものを強引に日本語らしく読んだのでしょうね。

聖徳太子が書いたとされる歴史書『天皇記（すめらみことのふみ）』や『国記（くにつふみ）』があったと伝えられています。聖徳太子は蘇我系の皇族で、これらの書物は蘇我宗本家が保管していたようですが、中大兄皇子による大化の改新（645年）で焼けてしまいました。これらの書物がどのように書かれていたのかは分かりません。

東アジアにおける漢文訓読

こういった中国語で書いて母国語で読むという方法は、朝鮮やベトナムでもあったようです。朝鮮では15世紀にハングルが発明されて今では漢字自体ほとんど使われていないようですし、ベトナムでも漢字は廃れています。漢文訓読の名残があるのは日本くらいになっています。

ではなぜ東アジアでこういった漢文訓読という手法ができたのでしょうね。一つには中国語が表意文字だからだと思います。表音文字であれば、自国語の発音に文字を対応させるだけで、文字を取り入れることができます。

『古事記』の成立

大化の改新で蘇我氏の勢力は衰え、天皇中心の政権ができます。中大兄皇子は白村江の戦いで唐に大敗した後、近江に遷都して即位し天智天皇となります。

天智が亡くなると、天智の弟の大海人皇子が、天智の子の大友皇子と皇位を争う壬申の乱が起こります（672 年）。近江京は灰燼に帰し、勝利を得た大海人皇子は天武天皇として即位し（673 年）、都を奈良の飛鳥（飛鳥浄御原宮）に戻します。

こうして即位した天武も天皇中心の国家を作ろうとしますが、そのためにはバック・ボーンとなる歴史が必要だと考えたようです。それまで各豪族は神代から伝わる伝承（神話）をそれぞれ語り伝えていますが、そういった伝承を天皇家中心に一本化したかったのでしょう。こういった歴史を「正す」のは「邦家之経緯（みかどのたてぬき）、王化之鴻基（おもぶけのおおきもとい）」、つまり国家の基本であるという詔（みことのり）を出します（681 年）。この意志は天武亡き後も、持統天皇（天武の妻）、文武天皇（天武・持統の孫）と引き継がれ、元明天皇（持統の異母妹で文武の母）の時に『古事記』が奏上されます（残念ながら出版されたわけではありません。天皇に差し出されたわけで、想定された読者は、まずは元明天皇だけだったと考えてよさそうです）。

天武以降、天武・持統系の天皇がしばらく続きますが、そのためにも天皇位の正当性を歴史として確立しておく必要があったのでしょう。つまり歴史書を書くということは、自分たちに都合のよい歴史を作るということと同じだったわけです。文字とは極めて政治的なものだったようです。

『古事記』における日本語を書く試み

このようにして成立した『古事記』が、現存する日本最古の書物ということになっています。

『古事記』はその前文で、稗田阿礼（ひえだ の あれ）が誦習（よみならわ）したものを、太安万侶（おお の やすまろ）が文章化したと書かれています。太安万侶は『古事記』を書くにあたって、日本語をいかに漢字で表記するかを考えました（日本語といっても文体は変体漢文です）。太安万侶は「音訓交用」、つまり漢字を表意と表音に使いました。つまり用いた文字は全部漢字ですが、あるところでは表意文字（訓）として、また別のところでは表音文字（音）として用いました。しかしどこが表意文字でどこが表音文字か分かりにくいですよね。そのため、そういう箇所には語形明示のための注釈を付けました。[15/P24]

『古事記』と『日本書紀』

『古事記』は 712 年に完成しますが、その後 720 年に舎人親王（とねりしんのう）を中心にした多くの識者によって、『日本書紀』が編纂されます。『日本書紀』は正式な朝廷の文書として中国語（純正漢文）で書かれています。たった 8 年の間になぜ二つの書物が書かれたのでしょうか。『古事記』の前文には『古事記』の書かれた経緯が記されていますが、後から書かれた『日本書紀』には『古事記』についての記載が何もありません。

『古事記』は宮中深く秘められたようです。[1/P300]

『古事記』は人々の記憶から忘れられていきます。『古事記』に再び光が当たるには、江戸時代の本居宣長を待つことになります。[P26]

稗田阿礼とは何者か？

太安万侶はその墓も見つかっており、実在した人物とされています。しかし稗田阿礼についてはよくわかっていません。

『古事記』前文には、天武天皇による歴史編纂の詔の記事に続いて、「時に舎人有り、姓は稗田、名は阿礼、年は廿八」と書かれています。舎人（とねり）とは、皇族の男子に仕えて警護や世話をする地方豪族の子弟です（つまりそういう形で、地方豪族が皇族と結び付くわけです）。28歳というのは、昔の歴史を知る語り部にしては若すぎる気がします。

『古事記』はたったの4ヶ月で完成しています。もちろん『帝紀』や『旧辞』といった資料はあったようです。でも資料があれば当然太安万侶だって読むことができたわけですから、稗田阿礼の役割は 歴史の見直し だったとも考えられます。各豪族の反発をよばない範囲で、天皇家（天皇位）の正当性を都合よく強調して歴史を作り直す、それが稗田阿礼の仕事だったのではないでしょうか。

そう考えると、稗田阿礼は各豪族間の微妙な力関係に知悉しており、相当な政治感覚があったと考えられます。また、できるだけ自分の本名を隠したかったかもしれませんね。

梅原猛は『神々の流竄』の中で、『古事記』には藤原家の先祖の神についての記述が（さりげなく創り上げて）潜り込ませているとして、稗田阿礼とは藤原不比等のペンネームだと推理しています。不比等は天武天皇が亡くなった時にちょうど28歳でした。天皇家が万世一系として、世界でも類を見ない長期に亘って続く陰で、藤原氏も摂関家として江戸末期まで（華族としては昭和まで）続くことになります。天岩戸の裸踊りなど、一見おおらかな古代の神々の話の陰に、歴史の正当性をめぐる駆け引きが隠されていたようです。[1/P325]

1.1.3 平仮名の発明と日本語の二重構造

万葉仮名から平仮名へ

このように、漢字を表音文字として使うことは、金石文における人名や地名の表記にも行われていましたが、更には和歌や長歌にも使われるようになります。和歌や長歌は、五・七・五といった字数を基本に表現しますから、書く場合も発音通りに正確に表す必要がありました。

『古事記』に出てくる須佐之男命（すさのお の みこと）の詠んだ歌です。一音節一文字で読みにくいですね。

> 夜久毛多都　伊豆毛夜弊賀岐　都麻碁微爾
> 　夜弊賀岐都久流　曾能夜弊賀岐袁
> （八雲立つ 出雲八重垣 妻籠みに 八重垣作る その八重垣を）

奈良時代、大伴家持（おおとも の やかもち）は和歌を収集して『万葉集』を編纂しますが、その中でも漢字が表音文字として用いられています。このように漢字の発音で日本語を表す方法は**万葉仮名**（まんようがな）と呼ばれています。

このように日本語を一音一文字（漢字）で表記すると、字数も多くなり書くのが大変です。また読みづらくもあります。そのため、用いる漢字を簡略に書くようになります。こうして**平仮名**（ひらがな）が生まれました。

例えば「女」という字は「く・ノ・一」と書きますが、

① まず「く」を書いて

② 「ノ」と「一」を続けて

③ （次の文字に続けるために）更にそのまま下まで伸ばすと平仮名の「め」になります。

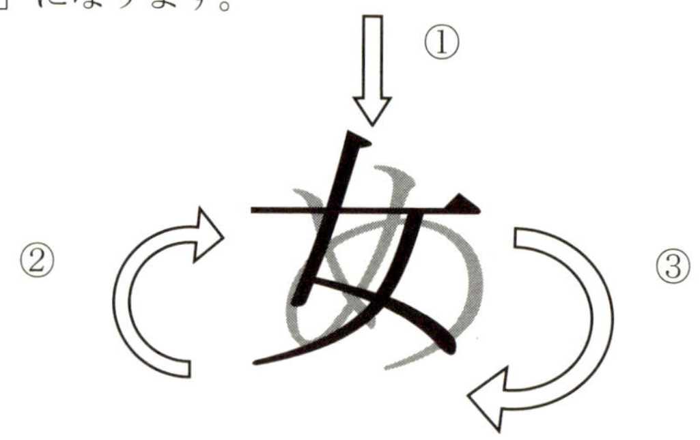

このように、平仮名の「め」は漢字の「女」からできています。（平仮名は漢字を簡略化していますが、片仮名は漢字の一部を取り出してできています。「加」の左半分を取り出すと、片仮名の「カ」になります。）

始めは一つの発音に複数の平仮名があったようです。「め」の字を書くのに「女」だけでなく「面」、「免」などからできた平仮名も使われていました。時代とともに一つだけに固定されて、現在の平仮名になりました。

紀貫之と平安女流文学

こうして平仮名が作られたのですが、公式な文書は全て「真名（まな）」と呼ばれた漢字を使い、漢文で書かれました。平仮名（や片仮名）はあくまでも「仮名（かりな）」、つまり仮のものと考えられていました。詩についても、漢詩に比べて和歌は一段低いものと見做されました。

日本は、聖徳太子の時代（推古朝）から遣隋使（第一回は600年）を送って中国の文化を吸収していました。隋が唐に変わってからも遣唐使を送って中国文化を学びます。遣唐使は894年に廃止されます。遣唐使が廃止された以降の平安時代には、日本独自の文化、国風文化が花開きます。そういった中で、平仮名の地位を高めるのに貢献したのは紀貫之（き の つらゆき）でした。

元々、日本語は話し言葉でしかありませんでした。話し言葉は、主語が抜けたり繰り返しがあったり、結構いい加減です。それでも相手の顔を見ながら（問答しながら）話せば何とか意味が伝わります。平仮名を使って文を書くには、話し言葉とは違った 書き言葉としての文体 が必要になります。紀貫之は漢文の素養も豊かに持っていましたから、そこから平仮名の書き言葉としての文体を作り上げました。[15/P69]

それまで和歌集においても、序文や説明には漢字が用いられていました。905年（一説には912年）に編纂された勅撰和歌集『古今和歌集』ではその序文が漢字（真名序）だけではなく、紀貫之による平仮名（仮名序）でも書かれています。仮名序の始めの一文です。

> 「やまとうたは、人の心を種として、
> 　万（よろず）の言の葉（ことのは）とぞなれりける」

紀貫之は平仮名で日記を書くという試みもしています。『土佐日記』（935年頃）は日本で初めての日記文学であり紀行文で、紀貫之が土佐での任期を終え、京に帰る途中に起きた出来事を綴っています。当時、男は真名（漢字）で、女は仮名で文を書きました。また日記は男の書くものでした。紀貫之は女のふりをして、平仮名で日記を書きます。

「男もすなる日記といふものを、女もしてみむとて、するなり」
（男が書く日記というものを、女である私も書いてみます）

『土佐日記』以降、『蜻蛉日記』、『和泉式部日記』、『紫式部日記』、『更級日記』など、女性による多くの日記が書かれるようになります。更に清少納言による『枕草子』や紫式部による『源氏物語』など、女流文学が花開きます。

『源氏物語』は全54帖の長編です。シェークスピアより遡ること六百年程も前に（紙が貴重で、今のように消しゴムもパソコンも無かった時代に）、これだけの長編を書きあげたというのは驚異的なことです。

日本語の持つ二重構造

もちろん政治などの正式な文書には漢字（漢文）が使われましたし、和歌などに比べて、漢詩が高級な教養と見做されていました。漢詩などを読む女性は「生意気な女」と見られたようです。『枕草子』の中の「香炉峰の雪」という話の中で、清少納言は自分の漢詩の素養を自慢しています。その話を聞いた紫式部は「知識をひけらかすのは教養のある態度ではない」と言って批判しています。もっと具体的に言うと、『紫式部日記』の中で「あんなイヤな女はきっといい死に方はすまい」と罵っているそうです。[17/P154]　（紫式部と清少納言は、お互いが仕えていた主が政治的に対立していましたから、そのことも加味して読んで下さい。）

このような漢字と平仮名の対立は、漢文と仮名文、漢詩と和歌、男言葉と女言葉という対立になります。時には言葉（単語）の意味すら違う場合もあったようです。例えば「たけし」という言葉は、男言葉（漢文訓読）では 性質の激しさ を意味しました（猛・武）が、女言葉（女流文学）では 世間体が立派 という意味で使われたようです。「なまめく」という言葉は 「未熟（なま）らしく＋外見を装う（めく）」という意味で、女言葉では はっきりしないさま（控え目でけばけばしくないさま） を表しますが、男言葉では 女のしなやかに美しいさま を意味したそうです。[7/P44, 48]

（女性が控え目に外見を装ったさまを、男はそのまま美しいと受け取ったということでしょうか。）

日本語の二重構造はその後も長く続き、現代でも文語と口語があります。日本語の複雑さにもなっていますが、一方で表現の豊かさにもなっているように思います。

高度な文化の流入による現地語の重層構造

加藤徹はその著書である『漢文の素養』の中で、支配言語が入ってきた時、現地の言語はしばしば三層構造になると言っています。例えば英国の植民地であったインドやシンガポールでは、支配階級の話す純正英語、中流実務階級の（ピジンとしての）現地なまりの英語、それに現地語が同時に話されていました。中国文化の流入した後の日本でも、近代以前まで、純正漢文、変体漢文や候文（そうろうぶん）、無筆（読み書きのできない人）の会話文が同時に存在していたと指摘しています。[17/P12]

1.2　中世から近世における「ことば」の研究

平安時代末期から江戸時代にかけて、「ことば」についての関心は和歌の鑑賞や作り方、いわゆる歌論（季語や係り結び、本歌取り）が中心だったようです。一方で梵字（古代インドのサンスクリット語の文字で、悉曇文字として仏教とともに日本に伝えられまた）の研究から振りかえって、日本語の発音の種類や品詞についても関心がもたれました。

1.2.1 藤原定家の研究と仮名遣

藤原定家（ふじわら　の　さだいえ / ていか、1162年～1241年）は『小倉百人一首』の編纂で知られています。平安時代末期から鎌倉時代初期の歌人で、『新古今和歌集』、『新勅撰和歌集』といった勅撰集を撰進しました。『毎月抄』などの歌論書を著し、本歌取りなどの技法を論じています。

また藤原定家は歌人として有名なだけではなく、当時の仮名の用い方を詳しく調べ、正書法としての仮名の使い方を定めます（定家仮名遣）。定家仮名遣は、江戸時代の僧契沖（けいちゅう）が古い文献に基づいて見直します（契沖仮名遣）。これらの仮名遣は**歴史的仮名遣**として、戦後の国字改革まで使われました。

また定家が著したとされる『手爾葉（てには）大概抄』では、「てをは」（つまり助詞ですね）について研究しており、置字（助詞や助動詞）は「心の軽重、（文の）続き、人情を表している」として、その働きの大切さを述べています。

1.2.2 冨士谷成章の品詞分け

冨士谷成章（ふじたに なりあきら、1738 年～1779 年）は、江戸時代中期の国学者です。和歌の変遷などの研究をしましたが、言語学に関しても『挿頭抄（かざししょう）』、『脚結抄（あゆひしょう）』などの著書を残しています。品詞についての考えの始めと言えそうで、名、装ひ、挿頭、脚結といった品詞分けをしています。

名　（な）：	名詞
装い（よそひ）：	形容詞
挿頭（かざし）：	副詞、感動詞、接頭語
脚結（あゆひ）：	助詞、助動詞、接尾語

挿頭とは、髪や冠にさした花や枝などの飾りです。

脚結とは、袴を膝頭の下で結んで動きやすいようにした紐です。鈴や玉で飾りました。

こういった品詞分けは、山田孝雄など後の明治の国語学者にも影響を与えました（3.1 節）。

1.2.3 本居宣長と国学

「やまとごころ」と国学の隆盛

本居宣長（もとおり のりなが、1730 年～1801 年）は伊勢松阪の人です。医師をする傍ら『源氏物語』の講義をしていましたが、『源氏物語』の中の「もののあわれ」に深く傾倒し、国学を志します。

江戸時代に始まった、日本古来の文化や精神世界を明らかにしようとする学問を国学と言います。国学では、それまでの中国からの文化を「漢意（からごころ)」として批判しました。儒教や仏教の道徳などが人間の本来の自然な感情を押し殺してきたと考え、儒教や仏教の影響を受ける以前の、人間のありのままの感情の自然な表現を、日本古来の「やまとごころ」として評価しました。

こういった国学の発展は、一方で日本精神を含むと考えられた『万葉集』や『古事記』などの古典の文献研究を盛んにしました。他方、**古道**（こどう）という古代日本の精神世界の積極的な評価は、尊王思想へと続き、幕末から明治にかけての王政復古への精神的支柱を準備することになります。

『古事記』の研究

それまで日本の歴史については、純正漢文で書かれた『日本書紀』が正史として扱われてきましたが、宣長は『古事記』に注目します。宣長は『古事記』の中に、日本古来の精神である古道があると考えました。

江戸時代にはすでに『古事記』は古典であり、読解の難しい書物になっていました。本居宣長はその解読に精魂を傾け『古事記伝』を著します。太安万侶は『古事記』を4ヶ月で書き上げましたが、宣長はその注釈書『古事記伝』を仕上げるのに35年を要しました。[15/P30]

『詞玉緒』と助詞の研究

本居宣長は『古事記』の研究にあたって、「もののあわれ」や「やまとごころ」など、日本古来の考え方を正しく理解しようと、精密かつ客観的な言語学的研究を行います。

本居宣長は『てにをは紐鏡（ひもかがみ)』で、(今でいう）助詞と助動詞の働きを研究し、特定の助詞の使用と文の終結の仕方の関係、つまり係り結びの法則を、様々な古歌によって実証しました。

更に『詞玉緒（ことばのたまのお)』で、助詞の働きを研究しました。彼は助詞の働きの大切さを玉の緒に例えています。

玉の緒とは、数珠や首飾りなどの玉を留める緒（紐）のことで、玉（霊）を留める（つまり命をこの世にとどめる）働きをしています。そのために命（いのち）そのものも意味します。数珠や首飾りにおいて、玉は美しいものですが、それが美しく見えるのは「緒」によって一本の飾りにまとめられているからだと説明しています。

またきれいな着物は絹などの美しい布でできていますが、その形を留める糸で丁寧に縫っていなければその美しさを示せません。

つまり、助詞はそれ自身美しさを示すものではありませんが、助詞が無くては名詞や形容詞、動詞の表現が生きてこない、そういう意味で助詞（や助動詞）の大切さを述べたわけです。

この本居宣長の考え方は、後に時枝誠記（3.3節）に影響を与えます。

係り結びの法則

係り結びは、助詞 と 文末の動詞・助動詞などの活用形 との関係に関する法則です。

助詞の「ぞ」「なむ」「や」「か」が文中にある場合はその文の終末部の活用語を連体形で終結し、「こそ」がある場合は已然（いぜん）形で、「は」「も」の場合は終止形で終結します。古い時代（奈良時代）から使われていました。鎌倉時代にも知られていましたが、本居宣長が『詞玉緒』でその法則性を立証しました。

係り結びが行われる理由についてはよく知られていませんでしたが、大野晋は倒置法によるものとして説明しています。[10/P222]

1.3　近代以降の日本語の「改革」

1.3.1 欧米文化の吸収と外来語の翻訳

江戸時代には国学が盛んになりますが、一方で西洋の学問も入ってきます。最初は長崎に来ていたオランダ人からの知識が中心で、蘭学（らんがく）と呼ばれ医学を中心に伝えられました。オランダ語の医学書『ターヘル・アナトミア』を読んだ前野良沢や杉田玄白は、実際に刑場で処刑された死体を腑分け（解剖）し、その内容の正確さに驚きます。そしてこの医学書を翻訳して『解体新書』として出版します（1774年)。

杉田玄白は蘭学草創期の記録を正しく伝えようと、この翻訳に苦労した話などを『蘭学事始（らんがくことはじめ)』という本に記します。『蘭学事始』は玄白の原稿本は消失しますが、弟子の大槻玄沢に贈られた写本から復元されて世に出ることになります。玄沢の孫である大槻文彦は後に日本最初の辞書『言海』を著します（3.1節)。

明治期は文明開化と呼ばれる大きな変動期でした。欧米の文化や学問が流入しました。国の基本となる政治・経済・科学・医療・軍事など、多くの新しい知識が入ってきました。明治の日本人はこれらの概念を翻訳して漢字で表し、理解しようとしました。今は当たり前のように使われている「経済」「金融」「野球」などの「ことば（語彙)」は、明治期の先人たちが苦労して翻訳したものです。私たちはそのおかげで、これらの「ことば」の概念を容易に理解し用いているのです。

これらの漢字に翻訳された語彙は中国へも逆輸出されました。中国社会科学院によれば、現代中国語の社会科学に関する語彙の60～70%は、日本からの逆輸入だという統計データがあるそうです。これらの翻訳語が無ければ中国の近代化も遅れていたことでしょう。日本は二千年もの昔から中国文化の恩恵を受けてきたわけですが、ことこれらの翻訳語に関してはささやかながら恩返しができたと言えそうです。[17/P209]

1.3.2 言文一致の運動

明治期には西洋からの知識の吸収だけでなく、日本語そのものについても、分かり易い日本語にするための努力がなされました。それまで書き言葉はどうしても漢文調や候文（そうろうぶん）でしたが、できるだけ庶民にも分かりやすい文体で記すための試み、つまり言文一致運動がおこります。

二葉亭四迷は、『浮雲』で日常会話の語り口で小説を書こうとしました。そのためには語り手が一人称になったり、用語も話し言葉を使います。夏目漱石は『吾輩は猫である』などで、新しい視点を試みます。語り手が猫になり、更にこの猫が他人の心理描写までするようになります。こういった小説はある意味で実験小説でした。

二葉亭四迷、森鷗外、夏目漱石など、私たちが明治の文豪としてその作品に親しんでいる（もしくは知ってはいる）作家たちは、ストーリー・テラーであるとともに、そういった新しい日本語の文体を作り出す探究者でもあったのです。

1.3.3 戦後の国字改革

こういった言文一致の試みにもかかわらず、国家の正式文書の基本はやはり漢文調でした。

戦後日本にやってきた進駐軍（米軍を中心とする連合国の占領軍）は、日本語の難しさに驚いて、日本人の考え方の遅れ（軍国主義）の要因になったと考えたようです。1946 年 3 月、連合国軍総司令部（GHQ）が招いた第一次アメリカ教育使節団が、学校教育における漢字の難しさとローマ字の容易さを指摘します。また志賀直哉は雑誌『改造』に掲載した「国語問題」で、「日本語の廃止とフランス語の採用」を提案します。

実際に調査をしてみると、当時でも日本人の識字率は世界的にも優れていたのですが、それでも（GHQ の権威を背景に）分かり易い日本語への改革が（拙速という批判もありましたが）進められました。

さすがに漢字の廃止やローマ字化は見送られますが、漢字の制限や簡素化、仮名遣いの見直しが実施されました。

(1) 漢字制限と字体の簡素化

漢字制限

1946 年 11 月、内閣は公用文書など日常使用する漢字の範囲を示すものとして、当用漢字 1850 字を告示しました。当用漢字のうち 881 字は、小学校教育期間中に習得すべき漢字（教育漢字）とされます。

人名については、当初、当用漢字（と平仮名、片仮名）以外は認められていませんでしたが、1951 年には人名用漢字として 92 字が認められ、その後も追加されています。

1981 年 3 月には当用漢字に代って、常用漢字 1945 字が告示されます。

字体の簡素化

例えば芸術の「芸」は元々「藝」と書いていたのを簡素化しました。しかし「芸」は本来「くさぎる」という香草の意味で使われていました。つまり、意味の違う別の字を当てたことになります（1923 年に菊池寛が創業した文藝春秋社は、今でも旧い漢字を使っています)。

簡素化される前の漢字は、台湾や香港で繁体字として使われています。現代の中国では日本よりも更に簡素化された簡体字が使われています。

過去の日本語（繁体字）	國語學習
現代の日本語	国語学習
現代の中国語（簡体字）	国语学习

(2) 交ぜ書きと書き換え

交ぜ書き

漢字が制限されたので、使えなくなった漢字を平仮名で書く交ぜ書きが発生します。

「改竄」「牽引」「煤煙」は「改ざん」「けん引」「ばい煙」と書くことになります。どうも見づらいですね。そのために、似た漢字による書き替えも行われました。

書き換え

「煽動」は「扇動」と書くように定められました。扇動するには、応援団よろしく扇を使って煽（あお）るのでしょうか。

「註文」は「注文」と書くように定められました。註文する時には、注文票を箱の中に注ぎ入れるのでしょうか。

「智慧」は「知恵」と書くように定められました。知恵のある人は恵まれた人なのでしょうか。

他にも次のような漢字も書き替えられました。

遺跡（遺蹟）、骨格（骨骼）、奇形（畸形）、防御（防禦）

(3) 仮名遣いと平仮名表記

それまでの仮名遣いは藤原定家以来の歴史的仮名遣に依っていましたが、とても難しく、正しく使える人はほとんどいなかったようです。

1946年11月に **現代かなづかい** が、1986年7月には **現代仮名遣い** が内閣から公布されます。従来の仮名遣は、使われる仮名とその発音にずれがありました。それを無くそうとはとしたのですが、発音通りにすることはどうも難しいというので慣習も取り入れざるを得なかったようです。

表記と発音

助詞の「は」「へ」は、表記と発音が違っています。「お」と「を」は、同じ発音であるのに使い方で分けられています。

濁音の平仮名表記

「鼻血」は「はな」と「ち」の合成語です。平仮名表記は「はなぢ」ですから、清音が濁音に変わっているだけです。しかし「地球」は「ちきゅう」と表記しますが、「地面」は「じめん」になります。また「交通」は「こうつう」と表記しますが「融通」は「ゆうずう」になります。

長音の表記

「東京」は「トーキョー」と発音しますが、平仮名表記は「とうきょう」です。それに対して「大阪」は「オーサカ」と発音しますが、平仮名表記は「おおさか」ですね。パソコンで かな漢字変換するには、平仮名表記に基づいて入力する必要があります。

ついでで申しわけありませんが、ローマ字表記についても一言。

「東京」を平仮名表記すると「とうきょう」になります。このままローマ字化すると、「TOUKYOU」になりますが、昨今誰もこんな表記はしませんね。皆「TOKYO」と表記します。

(4) 国字改革の功罪

戦後の国字改革によって、私たちの使う日本語は簡単になりました。

一方で交ぜ書きや書き換えには、本来の熟語の意味や成り立ちが不明瞭になり、乱れた日本語になるという心配が当然ありました。またその進め方についても、GHQ の権威により性急、かつトップダウンで進められたことを批判する声もありました。

福田恆存は漢字制限を批判し、現代かなづかいの不合理を指摘しました。1958 年から雑誌『聲』に連載された『私の國語教室』では、歴史的仮名遣のすすめを説いてその著書を歴史的仮名遣で書いています（ただし出版社も活字を拾うのに苦労したようで、再版の一部は現代かなづかいを用いているそうです）。

大野晋は自身の見聞から、こういった改革が審議の経過を明らかにすることもなく決められ、漢字制限の字数なども数合わせであることが多かったことを指摘しています。[13/P209]

第１章では、どのように日本語が作られ、研究され、変化してきたかを見てきました。私たちは日本語の「ことば」の決まりとしての文法に注目して、明治期以降の文法研究を辿りたいのですが、それは第３章にゆずります。第２章では日本語の文法に影響を与えている欧米の言語学について見ることにします。

第2章　欧米における言語学と文法

西洋の言語学の発展は比較言語学からだといわれています。比較言語学までの欧米の言語研究の流れと、19 世紀後半から 20 世紀初めにかけて現在の言語学の基礎を築いたソシュール、それに戦後から現在においても活躍しているチョムスキーの言語学について概観します。

2.1　欧米の言語学は「比較言語学」から

ヨーロッパ文明の始まりは、もしくはあらゆる学問の始まりは、ギリシャと言われています。またギリシャでは神話を始めとする多くの文学が生まれています。

言語も文法もギリシャに負うところが大きいようです。紀元前 1 世紀にかかれた『文法術』という本には、品詞の分類が書かれており、現在の品詞とほぼ同じものがあげられているそうです。[21/P15]

またギリシャの言語は、世界帝国ローマを通じてヨーロッパ世界に広まります。ロマンス語と言われるフランス語、イタリア語、スペイン語などは、その源がラテン語といわれるローマの言語です。

2.1.1 ポール・ロワイヤル文法とエネルゲイア

ポール・ロワイヤル文法

17 世紀にフランスのポール・ロワイヤルという修道院で研究をしていたアルノーとランスロという修道士が、『一般的理性的文法』という文法書を著しました。言語にはいろいろとあるように見えるが、実は一つの普遍的な文法に従っているのだという考えが基になっています。この普遍的な文法をポール・ロワイヤル文法と呼びました。しかし彼らの主張は、「文法とは精神活動の一部であり、精神活動とは普遍的なものであるから文法は普遍的である」という考えに基づくもので、実証的に証明したわけではなかったようです。

フンボルトのエネルゲイアと言語の分類

ドイツのフンボルト(1767年〜1835年)は、言語とは頭の中にある能力だと考え、この能力を「エネルゲイア」と呼びました。また言語には「内的言語形式」があるとも言っています。このようにフンボルトは言語に人に共通する能力や形式を想定したようですが、それがどのように言語として表現されるかまでは考えていなかったようです。

フンボルトは形態論でも有名です。形態論では言語を屈折語、孤立語、膠着語に分けられると考えました。

屈折語とは英語のように動詞や代名詞が活用します。
孤立語とは中国語のように動詞や代名詞が活用しません。
膠着語とは日本語のように動詞（や形容詞、形容動詞、助動詞）が活用し、後ろに助詞・助動詞が付きます。

本当に言語がこれらの種類に分けられるのか、また抱合語を加えて4種類とする意見など議論はありますが、このように大きな特徴を捉えて言語を分類したことは評価されています。

屈折語（英語）

“I love her.”　“She loved me.”

・代名詞が格（主語か目的語か）により変化（屈折）します。

“I” が “me” に、“she” が “her”に変化（屈折）しています。

・動詞が時制により変化（屈折）します。

“love” が “loved” に変化（屈折）しています。

➡ 彼女の「愛」は過去ということが分かる。

孤立語（中国語）

「我爱她（私は彼女を愛します）。她爱我（彼女は私を愛します）。」

・代名詞の「我」と「她」は、それぞれ独立した（孤立した）語です。

格（主語か目的語か）によって変化しません。

・動詞の「爱」も独立した（孤立した）語で、時制で変化しません。

➡「愛」は変わらない（つまり動詞「爱」は時制で変化しない）。

膠着語（日本語）

「私は彼女に愛されていなかったのだろうか。」

・動詞の「愛する」の後ろに助詞・助動詞が付いて（膠着して）、受身・否定・過去・推量・疑問などを表現できます。

➡ 最後まで「愛」は（言いたいことは）分からない。

ポール・ロワイヤル文法における普遍的な文法という考えや、フンボルトが言語を能力と考えたことは、後のチョムスキー（2.3節）に受け継がれます。

2.1.2 比較言語学の始まり

18 世紀後半、英国人のウイリアム・ジョーンズは、イギリス東インド会社に雇用されて裁判所の判事をしていました（当時の東インド会社は、民間の会社というよりインドや東南アジアの植民地を支配するための国家機能も持っていたようです）。

彼はその仕事とは別にベンガル・アジア協会を設立し、その会長としてインドの考古学調査をしており、更にヨーロッパの古典語を含む諸言語にも精通していました。彼はサンスクリット語と古代ギリシャ語、ラテン語との類似を発見します。この類似は語彙だけでなく、格変化を含む文法においても見られました。彼はこのことを 1786 年にカルカッタの学会で発表します。

彼は、「その類似性の強さは、どんな言語学者でもその 3 言語をすべて調べれば、おそらくは既に消滅してしまった共通の祖語から派生したのだと信じずにはいられない」と述べています。彼の発見は広く認められるようになり、インドとヨーロッパの言語に共通の祖語があると考えられるようになりました。

この共通の祖語を持つインドとヨーロッパの各言語を、印欧語族という範疇で捉えることができます。そしてこれら共通の祖語を持つ言語を比較することにより言語とは何かを探ろうとして、**比較言語学**という学問が生まれました。比較言語学というと、どうしても日本語と英語、中国語などの比較を考えます。しかし言語学に於いては、共通祖語を持つと考えられるヨーロッパ言語とサンスクリット語の比較研究に限って、比較言語学と呼ばれています。

言語学は実質的にこの比較言語学から始まったとされています。

2.1.3 言語学における音素の研究

言語は音声、すなわち音として表現されますから、それらを識別するためには、どのような音が使われているかを厳密に研究する必要があります。それぞれの識別される音の最小単位を**音素**と言います。音素の例を日本語で説明します。

日本語の母音

母音は口の中で空気を響かせて声に出します。この時、口の大きさ、形、舌の位置により音声を変えることができます。日本語の母音の発音の違いを基本母音図で示します。下の絵は左を向いた人の、口の中の舌の位置を示しています。

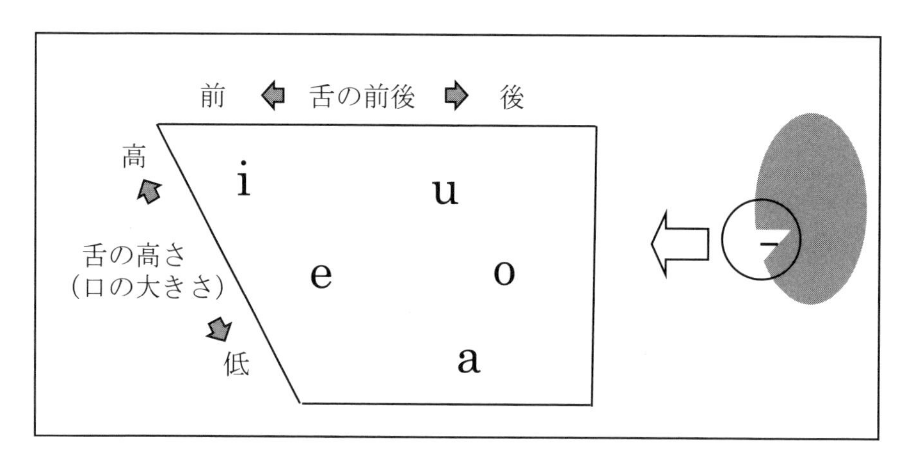

上下方向は舌の高さを表します。[i] や [u] は舌の位置が高い（口の開け方が小さい）のに対して、 [a] は舌の位置が低い（口を大きく開ける）ことを示しています。左右方向は舌の前後を表します。つまり [i] や [e] が図の左にあるということは舌が前にあることを示しています。それに対して [u] や [o] は舌が奥にあります。

日本語の子音

子音は調音法と調音点によって発音し分けます。

・調音法には、息を止めて一気に出す破裂音［p］とか、息を摩擦させながら出す摩擦音［s］などがあります。

・調音点としては、唇、歯茎、口蓋などが使われます。

調音法と調音点の組み合わせで、異なる発音（音素）になります。同じ破裂音でも、唇で息を止めて破裂させると［p］になりますし、歯茎の裏で息を止めて破裂させると［t］の発音になります。それ以外に有声音と無声音の違いや鼻音などによって発音（音素）が違ってきます。

横軸に調音点、縦軸に調音法を示します（簡略化しています）。

調音法＼調音点		唇	歯茎	歯茎・硬口蓋	軟口蓋	声門
破裂音	無声	p	t		k	
	有声	b	d		g	
破擦音	無声			c		
	有声			z		
摩擦音				s		h
鼻音		m	n			
弾き音			r			
半母音		w		y		
特殊			N			Q

日本語では子音が単独で使われることはほとんど無く、母音と組み合わせて用いられます。そのために日本語の発音の基本は、50 音と呼ばれる音韻になります。

言語による音素の違い

日本語の音素について説明しましたが、音素は各言語によって異なっています。

英語には日本語に比べて母音が沢山あります。また子音も [r] と [l] は異なる発音（別の音素）です。日本語にはこの区別がありませんので、どちらもどうしても「ら行」になってしまいます。また [f]、[v] や [θ] の発音（音素）も日本語にはありません。

中国語の [h] の発音は日本語よりも強い発音になります。[k] と同じ舌根音の仲間です。昔の日本には [h] の発音はありませんでした。[P109]
それで、[h] の発音を [k] と聞き取りました。今では「しゃんはい（上海）」と聞き取る「はい（海）」の発音を、昔は「かい（海）」と聞き取っていました。今でも「海」の音読みは「かい」と発音しています。

また日本語や英語では [p] と [b] の違いは無声音と有声音の違いですが、中国語では有気音と無気音の違いになります。

三枝 と さんま の音素談義

私たちは同じ発音と考えていても、外国人にとっては異なる音素と聞き取られる場合があります。例として、桂三枝と明石家さんまに登場して頂きます。

① 桂三枝： 「さんし、さんし、さんし」と三回、口に出してください。それから、「さん」で一旦止めて、「し」と言ってください。
② 明石家さんま： 「さんま、さんま、さんま」と三回、口に出してください。それから、「さん」で一旦止めて、「ま」と言ってください。

「さん」「し」と発音した場合は、一旦止めた時の「ん」では唇は開いています。「さん」「ま」と発音した場合は、一旦止めた時の「ん」では唇は閉じているはずです。
つまり、「さんし」の場合の「ん」は次の「し」の発音の準備をしますから、口が開いて軽く「ん（/N/）」を発音になります。「さんま」の場合は次の「ま」の発音の準備をしますから、口を閉じた「ん（/m/）」の発音になるのです。

実は日本語の「ん」に対応する発音を厳密に考えると、次の 4 種類になるとされています。例えば、次の発音が

- 「な行」などの歯茎音だと/n/　　「観念（/kan neN/）」
- 「ま行」などの両唇音だと/m/　　「新米（/ʃim mai/）」
- 「が行」などの鼻音だと/ŋ/　　「塩害（/eŋ gai/）」
- 上記以外や語末だと軽い/N/　　「安心（/aN ʃiN/）」

になります。

2.2　言語学の基礎を築いたソシュール

2.2.1 ソシュールの見つけた 忘れられた音

音素は各言語で異なります。しかし印欧語族に共通の祖語があるのであれば、当然音素についても同じ祖語から派生していると考えられます。

英語では、動詞の原形 "get" が、過去形では "got" に変化します。これは母音交替と呼ばれています。比較言語学では、すでに失われた共通の祖語 を仮定して、現存する言語への発音の変化を研究しました。しかし母音交替の規則について、すっきりとした説明をできるまでに至っていませんでした。

母国のスイスを離れ、ドイツで言語学を学んでいたソシュールは、「祖語に、（どんな音かは不明だが）ある忘れられた（母音的な）音 があると仮定すると、この母音交替の法則性を説明できる」と考えました。

彼はこのことを、『インド・ヨーロッパ諸言語における母音の原初体系についての覚え書』（1878 年）という本を出版して発表します。この時、彼はまだ 21 歳の学生でした。ある教授が、「この本の偉大な著者と君は親戚ではないのか」と本人に聞いたという逸話があるそうです。[22/P13]

なおこの時ソシュールが仮定した　ある忘れられた音　は、彼の死後印欧語族の一つであるヒッタイト語の碑文の解読によって [h] に似た喉の奥から出すような音（喉音）　であることが分かり、その存在が証明されました。[21/P35]

フェルディナン・ド・ソシュール

フェルディナン・ド・ソシュール（1857〜1913年）はスイスの言語学者です。ソシュール家は自然科学の学者を輩出する名門でした。父親は息子に自然科学への道を進ませようとしたようです。しかし言語に興味を持ったソシュールは、スイスを離れドイツで言語学を学びます。

忘れられた音 の発見で名声を博した後、フランスに渡って研究を続けます。当時フランスの最高の学者が集まる機関であったコレージュ・ド・フランスの教授になることを申し出られますが（そのためには国籍をフランスに移す必要があり、それを嫌ったのかどうかは分かりませんが）、断ってスイスに戻り、晩年をジュネーブ大学の教授として過ごしました。

彼はその業績にもかかわらず、自らの研究の成果を伝える著書や論文をほとんど著しませんでした。ジュネーブ大学でも静かに研究していたようです。たまたま欠員のあった講座の穴埋めを頼まれて、1907 年から 1911 年の間に、それぞれ半年程の 3 回の集中講義を行いました。その時の学生による筆記ノートを、彼の弟子のシャルル・バイイとアルベール・セシエが整理し、『一般言語学講義』という本にして 1916 年に出版しました。

この『一般言語学講義』によってソシュールの業績が世に広まることになります。彼自身の著作ではないため、以後ソシュールの学説について議論を残すことになります。「実はソシュールの言いたかったのはこういうことだ」という説がたくさん出てきて、ソシュールの主張を明らかにするための「ソシュール学」とも言えるような学問分野まであるそうです。[21/P65]

2.2.2 ソシュールの言語学

ソシュールは ある忘れられた音 の発見により、若くして比較言語学で大きな功績を挙げますが、更に発展させて言語学の基礎を築きます。

(1) ラングとパロール

私たちは普段日本語を話しています。同じ日本語でも地域や人によって、発音も「ことば」の使い方も微妙に違いますが、同じ日本人同士であれば少しぐらいの違いがあってもきちんと意味の伝達をしています。このようにそれぞれの言語できちんと伝えあえる「ことば」をソシュールは**ラング**と呼びました。それに対して、実際の会話の中で生じる方言や個人の癖などによる違いを**パロール**と名付けました。

私たちが「ことば」を話すのはなんらかの事柄を伝えるのが目的ですから、この事柄が伝わっているのであれば、その範囲の「ことば」は共通に通じているわけです。このように各個別の言語、例えば日本語とか英語の、共通の「ことば」として通じている部分がラングになります。

ソシュールは言語学の研究の対象をラングとしました。つまり言語学の研究の対象を、個人的なばらつきに惑わされないようにきちんと決めておきたかったようです。

(2) 共時態と通時態

言語は常に変化しています。変化は特定の地域や集団に現れ、拡散し、時には新旧の使われ方が共存し、やがて古い使われ方が消えていきます。こういった変化は発音の変化もありますし、意味の変化もあります。これらの複雑な変化を研究するにあたっては、時代を固定して地域による違いをあきらかにすること（これを**共時態**と呼びました）が重要だとソシュールは考えました。そうすることで言語がどのように時間の経過とともに変わっていくか（これを**通時態**とよびました）も分かると考えたようです。

言ってみれば、時間を固定して「ことば」の分布を絵にかけば（共時態）、それらを重ねると自ずと時間変化（通時態）が見えてくるということになります。

(3) 能記と所記の恣意性

能記と所記ということ

「ことば」（しばらくは単語つまり語彙の意味で使います）は音素の連なりからなっています。これを音素列と呼びます。この音素列を聞いてそこから意味を読み取るわけですから、これらの音素列が意味と対応していることになります。

ソシュールはこの音素列を**シニフィアン**と名付けました。これに対して意味の方を**シニフィエ**と名付けました。フランス語ですから分かりにくいですね。ですから日本語に訳して**能記**と**所記**といいます（やっぱり分かりにくいですね）。

つまりソシュールによれば、「ことば」とは、能記（音素列）と所記（意味内容）の対応だということになります。

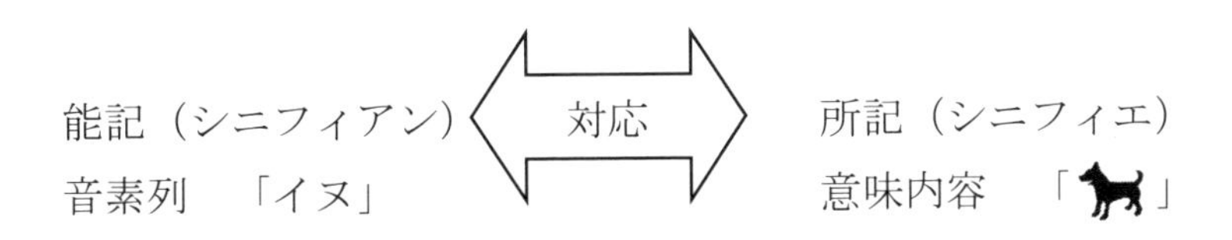

ソシュールが指摘した大切なことは、この能記と所記の選び方が**恣意的**だということです。

能記の恣意性

ワンワンと吠える動物「」を、日本語では 「イヌ（犬)」とよびますが、英語では 「ドッグ（dog)」、中国語では「コウ（狗)」 とよびます。つまり、ワンワンと吠える動物（所記）に対する呼び方（能記）が 「イヌ」である必然性は何もない、つまり恣意的であるということです。

所記の恣意性

能記の決め方が恣意的であるとともに所記の選び方（表す意味の含む範囲）も恣意的だと考えられます。

例えば日本語の「牛」は、英語では雌牛は “cow”、雄牛は “ox” と別の能記を持っています。英語の “dog” には、「犬」という意味だけでなく、「雄の狐」という意味もある（つまりイヌ科の動物のオスという意味だ）そうです。[29/P19]

ソシュールは英語とフランス語の違いを例に挙げています。

日本語の「川」は、英語では “river” もしくは “stream” になります。フランス語では "rivière" と "fleuve" になるそうです。英語の “river” は大きな川を意味し、“stream” は小さい川を表します。一方フランス語では "rivière" は "fleuve" にそそぐ川で、"fleuve" は海に注ぎ込む川を意味するそうです。

つまり、同じ「川」でも、その所記の意味する範囲の選び方が言語によって異なるということです。

ソシュールは、「ことば」は世界を**分節**していると言っています。そして「川」をどのように分節するかは英語とフランス語では異なっているように、各言語はそれぞれに特有な仕方で世界を分節します。

虹の色は連続的に変化しています。私たちは、それを赤とか黄、緑、青というように七色に分けて区別（分節）していますが、別に七色に分ける必然性も、何処で分けるかという理由もありません。

つまり所記の選び方（分節の仕方）も恣意的で、連続する世界に網をかけて、網の結び目に対応した「ことば」があると考えました。

世界のものごとが、各言語間でおなじように分類（分節）され、その呼び方だけが違っているのであれば、各言語の間には単語を一対一に対応させる変換辞典、つまり「命名目録」があればよいことになります。しかし実際は、ことばは普遍的概念（所記）の集合に対する命名目録ではなく「それぞれの言語が世界を異なったふうに分節もしくは組織している」と考えられます。[22/P26]

(4)「ことば」は差異

ソシュールは、音素や音素列の選び方も、意味の区別も、すべて連続体を分節することにより成り立っているので、本質的には**差異**が大事だと考えました。

「ことば」（語彙）の意味はそれ単独ではなく、周りのよく似た（または反対の）意味の「ことば」との差異や比較で表されます。例えば雨と雪、雹（ひょう）、霰（あられ）などは同じように空から落ちてくる水の一種ですが、その形状の違いから区別して用いられます。私たちはそのうちの一つ、例えば「雨」を選んで、「空から雨が降ってきた」と言いますが、降ってきたものの形状によっては別の「ことば」を選びます。つまり「ことば」においては差異が本質だと考えられます。

つまり、能記も所記もともに、純粋に関係的ないしは差異的な存在体であり、「それぞれの言語は、それ独自の仕方で音声の連続体を分節し区別して、能記の異なった集合を産出するばかりでなく、それぞれの言語が所記の異なった集合を産出し、世界を概念ないしは範疇に組織する別個の、したがって「恣意的」な、仕方をもっている」と言うことになります。 [22/P28]

(5) 体系と構造、類例関係と統合関係

ソシュールは「ことば」が差異によって世界を分節することから、体系と構造という考えを展開します。

類例関係は体系をなす

差異を持った「ことば」の関係を**類例関係**とよび、それらが（差異の）**体系**をなしているとしました。「雨」と「雪」、「雹」、「霰」などという「ことば」が、差異によって体系をなしているということになります。「積極」と「消極」、「民主」と「独裁」といった対立する意味の「ことば」も類例関係にあり、体系をなします。

統合関係は構造をなす

「ことば」には、積極的とか芸術的、真水とか真正面、素足とか素顔というように、「的」や「真」を付けて新しい「ことば」を作るという派生語があります。これらの「的」や「真」は「ことば」よりも小さい単位ですから形態素と呼びます。こういった形態素から「ことば」（語彙）を作る関係を**統合関係**と呼びました。こうして統合関係は**構造**を作ります。

派生語における類例関係と統合関係

「積極」、「芸術」、「民主」という「ことば」は類例関係にあり体系をなしています。互いにその表す意味に差異がありますから、その中から必要な「ことば」を選びます。選ばれた「ことば」と「的」「性」という形態素は統合関係にありますから、繋ぐことによって構造ができ、新しい派生語が生まれます。

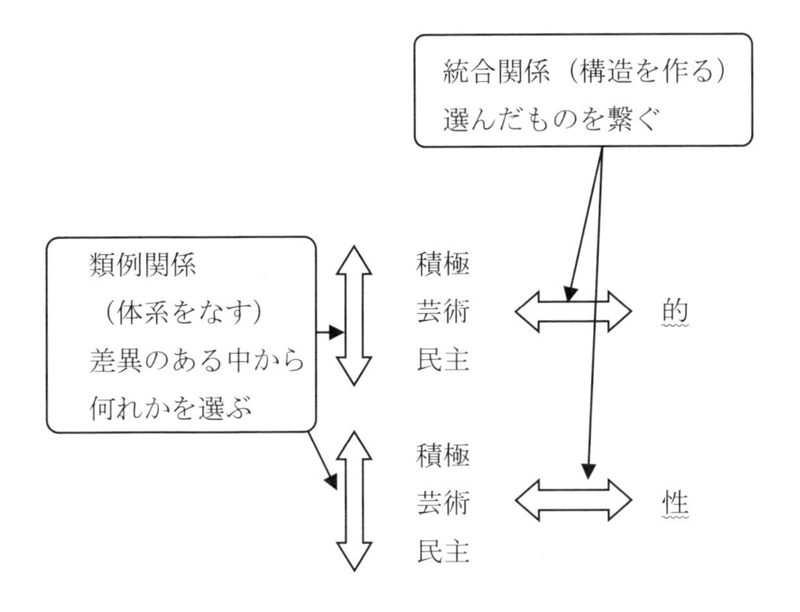

すなわち、類例関係は（差異の）体系を作り、統合関係は（差異を繋いで）構造を作ります。
（注：類例関係を連合関係、統合関係を連辞関係と訳す場合もありますが、意味の分かりやすい訳を用いました。）

ソシュールは日本語には詳しくなかったと思いますから、例としては英語やフランス語を用いて説明しています。英語で、派生語を作る場合、それに音素から音素列を作る場合の例を見てみます。

派生語を作る(英語)

“do”の前に、“re-” や “un-”、“over-” といった形態素を付けると、“redo” (再度行う)、“undo” (行わない)、“overdo” (やりすぎる) といった派生語が作れます。“re-”, “un-”, “over-” は類例関係の体系であり、これらを “do” と繋ぐ関係が統合関係ということになります。

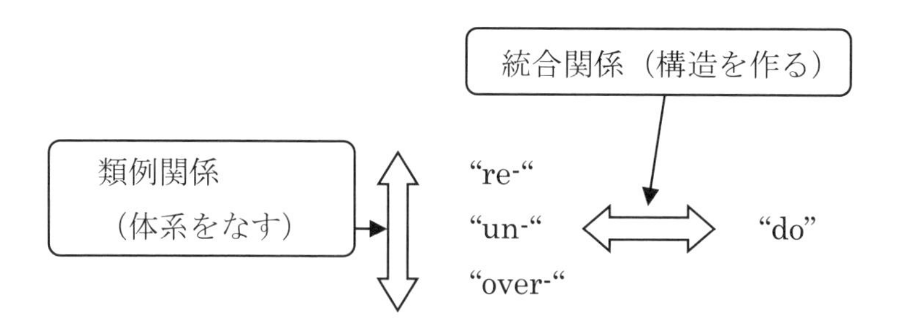

音素から音素列を作る (英語)

音素についての類例関係と統合関係の例を二つ示します。[p] という音素について考えます。

① [pet] の [p] のかわりに [l], [m], [s] がくると[let], [met], [set] という別の音素列の「ことば」が作れます。つまり、[p] や [l], [m], [s] という音素は類例関係として体系をなしています。

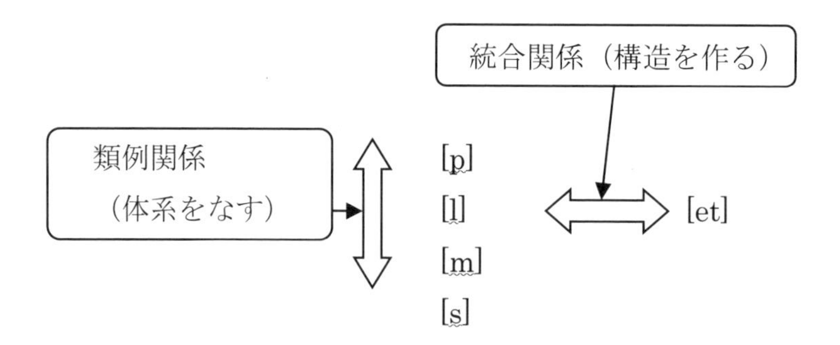

② 英語では [p] という音素には、母音か [l], [r] だけが続くそうです（“pen”, “plan”, “proof”）。また [p] という音素は、母音か [m], [s] の後にしか続かないそうです（“cap”, “camp”, “spring”）。これらの音素はそれぞれ類例関係の体系をなし、統合関係の構造を作ることで音素列（単語）を作っています。

このように、派生語を作る場合だけでなく、音素から音素列を作る場合にも、類例関係（体系）と統合関係（構造）が成り立っています。

文における体系と構造

それではいよいよ、**文** を考えます。

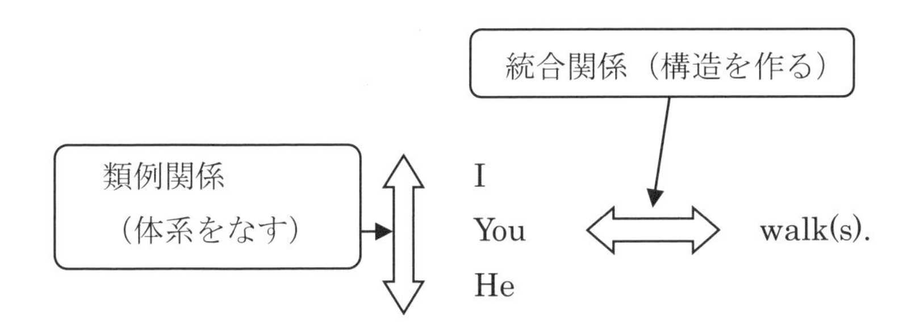

このように文についても体系と構造が成り立つといえそうです。しかしソシュールは、文については考察していません。実はソシュールは、文についてはラングと考えていなかったようで、文について「類例関係、統合関係が成立するのか」という議論はしていないのです。

せっかく語彙としての「ことば」について様々な考察をしながらも、肝心の文や文章について考えないのでは、「何が言語学だ」と言いたくなりますね。

ソシュールは、文は表す事柄が無限の組み合わせになりますから、言語学としてと捉えることができないと考えたようです。

2.2.3 記号論理学と構造主義

このようにソシュールは、比較言語学で大きな業績を挙げただけでなく、その研究手法を一般言語学にも適用しました。言語学の対象をラングとして明確にし、所記と能記の恣意性を強調し、共時態を通時態に優先させ、研究の仕方を分かりやすく整理して言語学の土台を築きました。

更にソシュールの考察は言語学にとどまりませんでした。ソシュールは所記と能記の恣意性に注目し、言語を**記号**として捉えることができると考えました。そして言語の持つ類例関係（体系）や統合関係（構造）を使えば、言語を最適の適用例として**記号論理学**を研究できると考えたのです。ソシュールは主張します。「言語は観念を表現する記号の体系であり、そうとすれば、書とか、指話法とか、象徴的儀式とか、作法とか、軍用記号とかと、比較されうるものである。ただそれはこれらの体系のうちもっとも重要なものなのである。」[22/P131]

ソシュールは、そしてソシュールの後継者たちは、この記号学として捉えた言語学の構造主義（体系と構造）が、他の人間科学にも応用できると考えました。

この考えは、広く人文・社会科学に影響を及ぼしたようで、このことをソシュールの最大の功績と見做す学者もいます。例えばジョナサン・カラーは、その著書『ソシュール』の中で、ソシュールが「近代主義的思考の形式的戦略とも呼んでよいもの」を表明したとして、「人はある眺望を選び、この眺望の内部で事物はなんらかの本質によってではなく、むしろ事物相互の間の関係によって定義される」という、ソシュールの方法論を評価しています。[22/P3]

つまり、物事の本質よりも関係性を重視する考え方になりそうです。その妥当性については第７章で考えてみたいと思います。

2.3　チョムスキーの生成文法論

ソシュールの後も様々な研究がなされます。ソシュールは 19 世紀後半から 20 世紀初頭の人ですが、ここでは百年近く時間を飛ばして、もう一人の言語学の巨人、チョムスキーを紹介したいと思います。

この後、第 3 章でソシュールなど西洋の言語学の影響を受けた明治以降の日本の文法研究を考察します。本節で紹介するチョムスキーは戦後から 21 世紀の現在にかけて活躍中の人物です。時間軸が前後しますが、（欧米における）言語学の二人の偉人ということでソシュールに続けて紹介します。

2.3.1 生成文法という考え

ソシュールは文をラングとは捉えなかったので、文や文章についての研究もしていません。語彙（単語）としての「ことば」だけでも、国語辞書などを見ても数万語です。しかも文によって表したい事柄というのはその語彙の組み合わせですから、世の中で話されている文を考えると無限ともいえる数になります。これらの文をいかに人は正しく使い、伝達しているのでしょうか。

チョムスキーは、文における各言語の正確な使い方と、個人ごとに現れる違いを、ラングとパロールという区別で捉えるのではなく、**言語能力**と**言語運用**（つまり正しい言語を使う能力と、その実際の運用）として捉えました。そしてソシュールの言語観を「文の形成の根底に所在する回帰的過程と取り組むことが全くできず、文の形成をラングよりパロールの事柄、体系的法則より自由な有意的な創造の事柄と見做しているようである」と批判しています。そして「規則に支配された創造性」つまり有限の規則であっても、その適用により無限に文の創造ができると考えました（つまり規則性を見つけようとしたようです）。[22/P122]

チョムスキーは幼児がいかにして言語を習得できるのか、ということから言語を考え、生成文法という考えを提唱しました。幼児は英語や日本語といった個別言語にかかわりなく生得的な文法を持っており、環境というパラメータに従って、周りからのインプットによって（それらのインプットが正しいものとは限らないにもかかわらず）母語を正しく習得できると考えたのです。そして、こういった生得的な文法を**普遍文法**、獲得された（英語や日本語という）個別言語の文法を**個別文法**と呼びました。

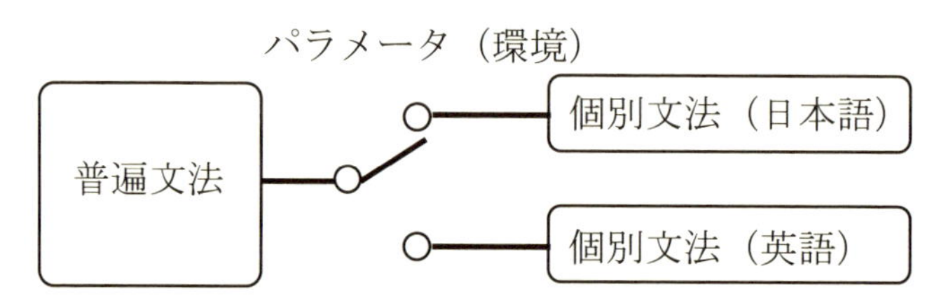

普遍文法や言語を能力とする考え方には、ポール・ロワイヤル文法やフンボルトの影響があったとしています。

では、チョムスキーはどのように文法を考えたのでしょうか。

チョムスキーの問題提起

チョムスキーは、元々ヘブライ語を対象に言語学を研究していたようですが、言語学の研究はヘブライ語に限ることはないと考えて（詳しい解釈を一々ヘブライ語の専門家に聞きに行くのも面倒だと考えて）、英語に関して研究することにしたようです。残念なことに、日本語については詳しくなかったようですので、読者の皆さんも昔学んだ英語を思い出しながらお付き合いください（ヘブライ語よりはましですね）。

チョムスキーは英語話者の言語獲得に関して次のような文例で考察します。[24/P4]

① John expects to criticize him.
ジョンは、 彼 を批判しようと思っている。
② I wonder who John expects to criticize him.
ジョンは、 誰が 彼 を批判すると思っているのだろうか。

批判される彼 (him) とは誰でしょうか。
① では、彼 (him) はジョンではありえません。
② では、彼 (him) はジョンのことです。

I wonder who を除いた、アンダーラインの部分 "John expects to criticize him" は全く同じ文ですが、彼 (him) の意味する内容が違うということは、英語話者であれば間違えることはないそうです。

それでチョムスキーは、「なぜ英語話者は、この文の中の彼 (him) の意味を正しく理解するのだろうか」という疑問を提起しました。
英語話者はこの文を正しく理解するためには、どのように考えたのでしょうか。

それぞれの文の主要部を取り出します。

①' John *expects to* criticize him.
ジョン は、 彼 を批判しよう *と思っている*。
②' *I wonder* who *John expects to* criticize him.
ジョンは、 誰 が 彼 を批判する *と思っているのだろうか* 。

“criticize” の主語（批判する人）は

①’ の文では “John” であり、

②’ の文では “who” です。

そして「同じ動詞の目的語に使われている代名詞（him）は、主語とは違う人だ」と判断するのです。つまり

①’ の文の主語は “John” なので、目的語は “John” ではない
②’ の文の主語は “who” なので、目的語は “John” である

と判断するのです。（チョムスキーの説明を少し省略して簡単にしています。）

チョムスキーは上記の例に見られるように、人は限られた文例から法則性を学んで、限りなく多くの組み合わせの文を、正しく理解できると考えました。そのために、文の構造の持つ法則性を文法として見つけようとしました。

2. 3. 2 生成文法の展開

以下、チョムスキーの生成文法の発展の概略を追います。

(1) 句構造規則と変形規則

樹形図と句構造規則

文は次のように**樹形図**でもって表されます。

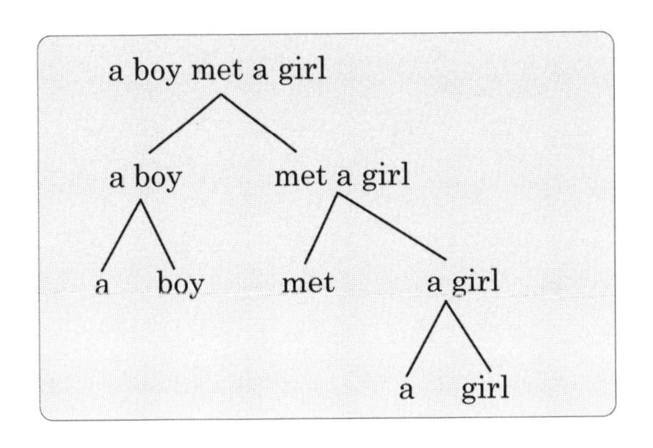

この樹形図の中の各要素は次のような**統語範疇**と呼ばれる要素に分類されると考えます。

文	: Sentence (S)
名詞句	: Noun Phrase (NP)
動詞句	: Verb Phrase (VP)
名詞	: Noun (N)
動詞	: Verb (V)
冠詞	: Article (A)
形容詞	: Adjective (Adj)
副詞	: Adverb (Adv)

それぞれの統語範疇は次のような**句構造規則**で分解できると考えました。

S	->	NP	+	VP	(文は 名詞句 と 動詞句)
NP	->	A	+	N	(名詞句は 冠詞 と 名詞)
NP	->	Adj	+	N	(名詞句は 形容詞 と 名詞)
VP	->	V	+	N	(動詞句は 動詞 と 名詞（目的語）)
VP	->	V	+	Adv	(動詞句は 動詞 と 副詞)

---- （以下省略） -----

すると、先程の樹形図の文は次のように句構造規則に則っていることが分かります。

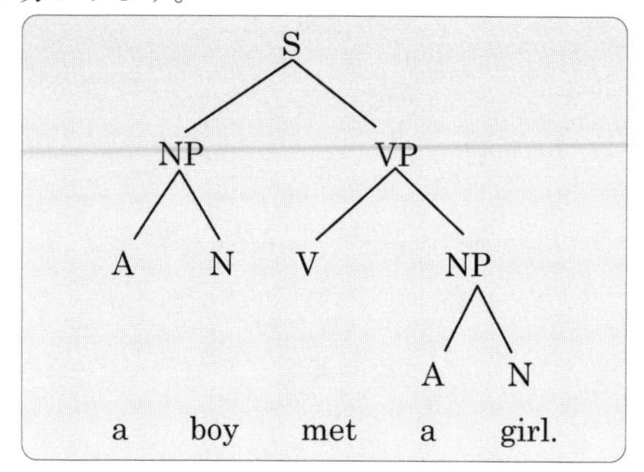

人は、まず使用する語彙を単語帳（チョムスキーは「語彙目録」と呼んでいます）から選びだし、その後でこの句構造規則に従って文を作って話していることになります。また聞き手は、この句構造規則に則って文の意味を理解しています。つまり句構造規則に則っている文が、正しい文であるということになります。

深層構造と変形規則

英語には疑問文や受け身など、本来は平常文と同じ構造と考えられるのに、語順が変わってしまう表現があります。こういった文は、同じような句構造で説明できるでしょうか。

例えば次のような文を考えます。

③ Jack loves Betty.

この文を、"Betty" を疑問詞（"who/whom"）にして疑問詞疑問文にします。そうすると（正しい英語では）

④ Who does Jack love?

という、全く語順の違った文になります。しかし目的語が “Betty” から “who” に変わっただけですから、元々の文の構造は同じだったはずです。このことを説明するために、**深層構造**と**表層構造**、そして**変形規則**という考えが出されました。

つまり、この疑問詞疑問文④は、もともと

④' Jack loves who?

という深層構造であったものが、wh-移動という変形規則による移動によって、

④ Who does Jack love?

という表層構造に変形したと考えるわけです（変形の詳細な説明は省略します）。

同じように普通の疑問文（つまり “yes”, “no” で答える許諾疑問文）や受け身（受動態）にも変形規則が考えられました。

かくしてすべての同じような意味（構造）の文は同じ深層構造を持ち、この深層構造から変形規則によって表層構造を作ります（その上で音韻規則を当てはめて声を出すことになります）。

そしてその過程が句構造規則と変形規則に従っていれば正しい文であり、聞き手にも（句構造規則と変形規則に従って理解することにより）正確に伝わると考えたのです。

(2) 構造保持仮説

変形規則の見直し

ですが、ここでいろいろと反論が出てきました。同じような意味の文は深層構造が同じだ といっても、意味は同じでも違った表現ができる場合があります。またそれ以上の本質的な問題があります。つまり、

「正しい文は、深層構造から変形規則によって表層構造が作れる」

というのですが、どんな文でもそれに応じた変形規則を作ってしまえば、どんな文も正しいということになってしまいます。というわけで、変形規則に制限を設けることにしました。

構造保持仮説

どんな変形規則でも作れるということにならないように、深層構造に少しゆとりを持たせておいて、その分だけ変形規則に制限を設けます。

受け身の文で例を示します。

Betty hit Jack.　と
Jack was hit by Betty.

を考えます。

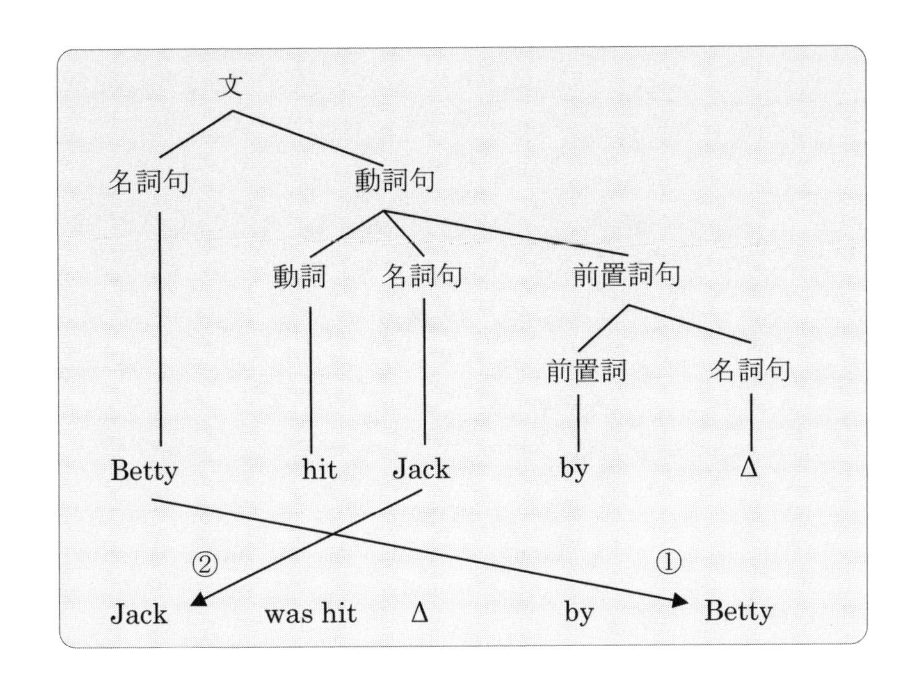

深層構造に Δ というゆとり（空き）を持たせます。その代り、変形規則に 移動は同じ統語範疇同士でなければいけない （この場合は名詞句同士）という制限を設けます。

この構造で、 ① まず Betty を Δ に動かし、② その後に Jack を持ってくると、それぞれの移動は 同じ名詞句の間での移動 となります。つまりあらかじめ Δ というゆとりの名詞句を深層構造に入れておけば、 変形規則の移動は同じ統語範疇同士 に限定できるといえるわけです。

更にこの図を見ると、文の樹形図の構造も変化していません。このように構造を変えずに文を作ることを**構造保持仮説**と呼ぶことにします。構造保持仮説では深層構造と表層構造という区別も不要になります。

(3) 原理・パラメータ理論

Xバー理論

これまでの変形を見ていると、名詞句や動詞句が分かれていくように見えます。ですからこういった句を、もともと分かれていくものだというように考えてみます。それを**Xバー理論**と言います。

本当はXバーですから $\overline{X}$ とか、 $\overline{\overline{X}}$ とかで表示するべきなのですが、慣用的に（文字フォントの関係で）X’とか、 X”で表します。

X’は文や名詞句、動詞句などで、次のように分解できます。

X’	->	X	+	何か
X’	->	何か	+	X

（ここで、何か　とは、下記に出てくる冠詞や前置詞、句のことです。）
そうすると　例えば名詞句は

名詞 と 何か、　もしくは　何か と 名詞

に分解できるということになります。

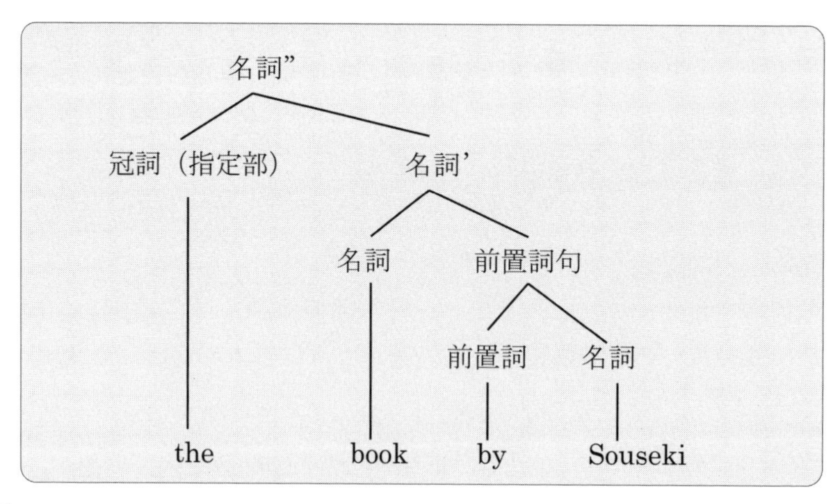

後の説明の便宜のために日本語での樹形図も示します。

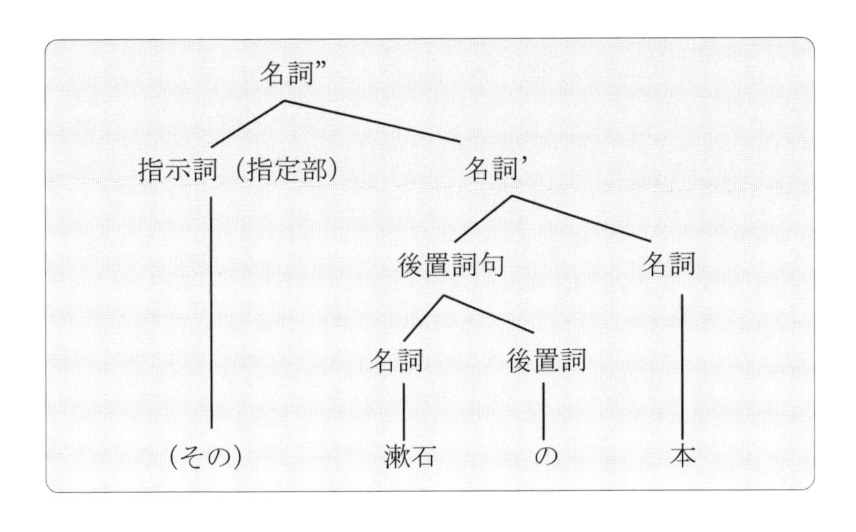

英語と日本語の違いを見ると、英語では

名詞’	->	名詞	+	前置詞句
		Book	+	by Souseki
前置詞句	->	前置詞	+	名詞
		By	+	Souseki

となっているところが、日本語では次のようになっています。

名詞’	->	後置詞句	+	名詞
		漱石の	+	本
後置詞句	->	名詞	+	後置詞
		漱石	+	の

原理・パラメータ理論

こうしてXバー理論では名詞句や動詞句を分解するのですが、その仕方が英語と日本語では違うということになります。その違いをパラメータで指定すると考えます。

最初に生成文法の話をした時に、幼児は普遍文法を持っていて、それがパラメータを選ぶことによって個別文法になると紹介しました。ちょうど「3ヶ国語観光案内」みたいに、最初に「1：日本語、2：English、3：中文」という表示が出てきて、中国語で観光案内をしてほしい時には「3」のボタンを押します。この「3」という数字がパラメータで、このボタンを押すと、それ以降の表示が中国語になるという仕掛けです。

普遍文法から個別文法への習得も、英語を選べば「前置詞を使ったXバーの変換の仕方」、日本語を選べば「後置詞を使ったXバーの変換の仕方」という具合に個別文法を習得できると考えました。

このように、原理・パラメータ理論では、普遍文法の持っている原理からパラメータによって選んで個別言語の文法を学ぶと考えます。

(4) θ基準と統率、束縛

変形規則は、変形の際に**痕跡**を残していくとか、時制や数を示唆する**屈折辞**を含めるなど、更に詳細になっていきます。

また、様々な文の構造を説明するために、**θ基準**、**統率**、**束縛**といった考え方が出てきます。

θ基準というのは、ある動詞には主体を表す名詞と対象を表す名詞がそれぞれ必要で、そういった役割を持った名詞が付くということです。格（主格と目的格など）に近いようです。

統率というのは、樹形図の中で影響を与え合う関係を持つ場所がある（例えば主語が三人称単数現在の時に動詞に ”s” が付く）といったことです。

束縛というのは、再帰代名詞 “himself” や相互代名詞 “each other” の使い方に束縛（場所による使い分け）があるというようなことです。

このように、英語の様々な文に対して、それらの構造を説明するうえで必要な概念を増やし、次第に、詳細に、微細に、緻密になっていきました。別の言い方をすると非常に複雑かつ煩雑になってしまいました。

(5) 極小主義

そもそも物理学におけるニュートンの法則のように、基本的な法則というもの（いわゆる統一理論と呼ばれるもの）は、元来簡単な式で表されるはずです。ですから普遍文法としても、こうも複雑であってよいのかという見直しが起こります。

実際に人が話をする場合を考えると、何が（主語)、何を（目的語）どうしたい か（動詞）というのは、話し手にはあらかじめ分かっているはずです。それで、動詞を中心に考えて、主語とか目的語も分かっているということを前提にすれば、今まで考えた文の構造の変化を簡単にできるという**極小主義**（最小主義と訳されることもあります）の考えが出てきました。

つまり辞書から語彙を選ぶ際には、すでにそれらの語彙が主語か目的語か分かっています。ですから代名詞を選ぶ際は格に応じた代名詞を選べばよいし、複数形の名詞や、三人称単数現在の動詞にも最初からそれに応じた単語を選べばよいということです。そしてあらかじめそういった選ばれた語彙で文を作ることにより、文法を簡単な最小の形式で表そうという試みがなされています。

チョムスキーの反戦運動とマスコミ批判

チョムスキー（1928 年～）はアメリカのマサチューセッツ工科大学（MIT）の教授です。言語学者、言語哲学者、認知科学者として有名で、コンピュータ・サイエンスや心理学にも大きな影響を与えています。同時にその反戦活動でも知られています。

チョムスキーは帝政ロシア（現在のウクライナやベラルーシ）からアメリカに渡ったユダヤ系の両親のもとに生まれ、フィラデルフィアで育ちます。ユダヤ人国家建設を目指すシオニズムの活動のため、キブツ（イスラエルでの集団生活）に住んだこともあるようです。しかしそこで（理想とは異なった）パレスチナ人に対する扱いを見て、その後パレスチナ人民支援の立場になります。

またその研究生活を犠牲にして、ベトナム戦争への反対運動を続けました。2003 年に勃発したイラク戦争の際には、全米を覆った愛国主義の熱狂の中でも戦争反対の声を挙げます。

自身の著書『メディア・コントロール』などで、金持ちの出資するマスコミが正しい報道をしていないと一貫して批判しています。現存する知識人の中で、おそらく最も重要な人物として紹介されたこともあったようですが、それでも相変わらずメディアの偏向報道を（正直に）批判し続けたために、多くのマスコミからも敬遠されているようです。[25/P197]

言語学者としての論文はもちろん、社会活動家としての著作も多く、『生成文法の企て』や上智大学での講演（ソフィア・レクチャー）を記した『我々はどのような生き物なのか』などが、日本でも出版されています。[24]-[28]

2.3.3 生成文法の行方

このように生成文法は、(1) 句構造規則と変形規則　(2) 構造保持仮説　(3) 原理・パラメータ理論　(4) θ基準と統率、束縛　(5) 極小主義と発展してきました。それに対して「言うことがころころ変わっている」という批判もあります。しかしチョムスキーは、研究は**記述的妥当性**（どうなっているか）から**説明的妥当性**（なぜそうなっているか）へと進むとして、生成文法の進展を次のように考えているようです。[24/P269]

① 初期には句構造規則や構造保持規則によって、個別言語の記述的妥当性が研究され

② 次に原理・パラメータ理論によって、個別言語の説明的妥当性と、普遍文法の記述的妥当性が研究され

③ 更に極小主義によって、普遍文法の説明的妥当性の研究へ進む。

チョムスキーの生成文法と言語に対する指摘について、第９章で再度考えます。

第２章では、ソシュールとチョムスキーの言語論について紹介してきました。読んで分って頂けたでしょうか。結構難しいですよね。でも大丈夫です。私たちは言語学の専門家になろうというわけではないのですから。第２章ではそれぞれの言語論の詳しい内容よりも、今までの言語学がどのように「ことば」というものを捉えてきたかを知って頂きたかったのです。

（えっ、読んだ後でそんなことを言うのは卑怯じゃないかって 。しかし、しかしですね、そもそもこれら偉人の業績を、それぞれたったの十頁程で分かるように説明しろと言う方が、 ~~厚かましいというか~~ 無理というものです。それにですね、興味をお持ちの方には本書の最後に参照文献が載せてあります。）

第３章　明治以降の文法研究

第１章で、古代から戦後にかけての日本語の変遷について見てきました。第３章では日本語の文法が、欧米の影響を受けてどのように研究されてきたのかを探ります。

3.1　欧米の言語学の吸収

3.1.1 明治における「ことば」の研究

明治の文明開化の時代に、多くの学問が欧米の影響を受けます。文法研究においても欧米の言語学を範とし、欧米的な方法でなければ科学的ではないという風潮もあったようです。その反省として、日本古来の考え方に基づいた日本語の文法を追及する動きも生まれます。

3.1.2 大槻文法と国内最初の辞書『言海』

大槻文彦（おおつき　ふみひこ）には大きく分けて二つの業績があると言われています。辞書の編纂と文法の作成です。

大槻文彦は明治22年から24年（1889年から1891年）にかけて日本で最初の国語辞書『言海』を刊行します。辞書を著すにあたって、単語の品詞分けが必要になることから文法の研究を行いました。『言海』の巻頭には「語法指南」として文法の説明が載っています。更にこの「語法指南」を改訂増補して、明治30年（1897年）には文法書『広日本文典』を著します。『広日本文典』は、文字編・単語編・文章編からなっており、日本の中世における「ことば」の研究を取り入れながら、欧米の文法の体裁を整えたと言えます。現在の文法の体系や用いられている用語の多くは『広日本文典』に依っており、近代における国語文法の基礎となりました。一方で日本語の文法を考えるのに、英語に即して体系づけ（てしまっ）たという批判もあるようです。

大槻文彦と『言海』

大槻文彦（1847年～1928年）は仙台の出身です。大槻家は洋学をもって仙台藩に仕えました。彼の父の磐渓（ばんけい）は、幕末に奥羽越列藩同盟を提唱したため明治新政府の下で罪に問われます。文彦は父の助命のために奔走しなければなりませんでした。

文部省に勤めながらも薩長藩閥政府になじめなかった大槻文彦は、男子一生の仕事として辞書の編纂に取り組みます。

辞書の作成は非常に地味な根気のいる仕事です。大槻文彦は来客を全て断って辞書の編纂に没頭しました。来客が来ても居留守を使い、しつこい来客には大槻自身が「家の主が留守だと言っているのだ、信じないのか」と言ったという笑い話まであるそうです。

4万語を収録した『言海』を刊行した後、10万語の『大言海』に取り掛かりますが、道半ばの81歳で亡くなります。『大言海』は周りの人たちに引き継がれて、彼の没後に刊行されます（1932年から1937年）。

大槻文彦は宮城師範学校（現・宮城教育大学）の初代校長を務めました。教育勅語にある文法の誤りを指摘したことでも有名で、杉田玄白の弟子であった祖父の玄沢や父の磐渓とともに、日本の近代化に尽くした大槻三賢人として郷土の尊敬を集めているそうです。

3.1.3 山田文法と統覚作用

山田孝雄（やまだ よしお）は、中学校の教師の時に、当時の文法書に従って「は」は主語を示すと教えました。しかし生徒からの反例に答えられなかったことから従来の文法に疑問をおぼえ、独自の文法研究を始めます。それまでの西洋の文法の体裁の強かった文法に対して、**統覚作用**を重視して意味に基づく文法をめざしました。

山田孝雄は「は」と「が」の違いに注目し、「は」が文末での**言い切り**を要求することに注目しました。

① 私が　話をする時　瞬きをする。
② 私は　話をする時　瞬きをする。

① では、私が　は　話をする　にかかって、そこで役目を終えています（瞬きをするのは聞き手です）。
② では、私は　は　瞬きをする　にかかって、文末での**言い切り**を要求しています（瞬きをするのは私です）。

私たちは会話する時に、物事を瞬時に理解することはできません。ある時間軸の中で話をまとめながら理解をしています。そういった理解のまとまりがあって、それらを最後にまとめ上げるのが文末ということになります。そういったまとめるという精神の作用を統覚作用とし、その表現を言語と考えました。山田孝雄は、文とは「統覚作用によりて統合せられたる思想が言語という形式によりて表現せられたるもの」と言っています。このように助詞による係り先を考えたことから、山田孝雄は江戸時代の本居宣長の研究を評価するようになりました。

山田孝雄は、助動詞を複語尾とし，助詞を6種に分類するなど、それまでの品詞の分類を見直しました。大野晋は、山田孝雄の文法は極めて整然としていて特に助詞の分類が優れていると評価しています。[13/P78]

また山田文法は、文法研究に精神の働き（思惟）を考えたことが、広く評価されており、時枝誠記（3.3節）は山田文法を内容主義とし、橋本文法（3.2節）を形式主義と評しています。

山田孝雄と主語に付く「は」

山田孝雄（1875年？～1958年）は尋常中学校を中退後、独学で文部省教員検定試験（文検）に合格し、小学校や中学校の教師となります。

それまでの文法では、英語に則って "subject" は主語と訳され、「は」は主語を表すと教えていました。しかし、「は」が主語を示さない場合があることを生徒に質問された山田孝雄は、答えることができずに、「沈思熟考、その言の理あるをさとり」生徒に謝ったといいます。

この経験から日本語に即した文法の必要を感じて、独学で山田文法を作り上げ『日本文法論』（1908年）を著しました。

例えば、次のような文では、「は」は主語の後ろに付きます。

かずみさん は　日本語を教えます。

あきこさん は　ドイツ語を教えます。

しかし「は」は、主語の後ろだけに付くわけではなく、目的語などの後ろに付く場合もあります。

ドイツ語　は　あきこさん が　教えます。

なお、この「は」の使い方については、5.3節で詳細に検討します。

3.2　橋本進吉の音韻研究と文節文法

橋本進吉（はしもと　しんきち）は厳密な実証主義で古典の研究を行いました。万葉仮名で表された古代の音韻を研究して、奈良時代頃には日本語の母音は８つあったことを発見しました。

またその厳密な音韻研究をもとに文法を作り上げ、橋本文法は現在の学校教育における文法の基本になっています。

3.2.1 古代国語の音韻研究

橋本進吉は『古事記』や『日本書紀』における万葉仮名の使われ方を厳密に調べ、例えば同じ「こ」であっても、「子供」の「こ」には「古」「故」「固」などの漢字が使われ、「心」の「こ」には「許」「己」「去」などの漢字が使われていることを見つけました。「子供」の「こ」に使う漢字と、「心」の「こ」に使う漢字が使い分けられていることから、この使い分けが発音の違いであることに気が付きます。同じように「き」「け」「み」「め」「も」などにも使い分けがあることから、「い段」「え段」「お段」の母音に２種類あることを発見しました。

つまり現代では日本語の母音は５つ（「あ・い・う・え・お」の５段）ですが、古代では８つあったことになります。この**上代特殊仮名遣**については『古代国語の音韻に就いて』という小さい本に詳しく書かれています。[3]

橋本進吉の弟子であった大野晋は、奈良時代より更に以前には母音の数は４つだったと推論しています。

母音の数の変遷については、素人の方にも（失礼！）分かり易い、（素人による）説明が、『日本語の秘密』という本に載っています。[30/P112]

またこの本の中では、「自然成立」と「作為」の動詞の比較表において、古い動詞の語根には「え段」がほとんど使われていないこと（つまり母音が４つであったことの傍証）を示しています。ご一読されるようお勧めします。[30/P137]

3.2.2 橋本進吉の文節文法

文節文法

橋本進吉の文法は、**文節文法**と言われています。文節文法では、文節が 文を可能な限り区切ったもの として、文の最小単位として考えられているのですが、文節の定義がはっきりしないという批判があります。実は簡単に文節を見分ける方法があって、切れ目に「ネ」を付けて自然に読めるようであれば文節になります。しかしなぜそうなるかは説明されていない（解っていない？）ようです。どうもあまり論理的ではないようですね。

昨日ネ　梅のネ　花がネ　咲いたネ。

そして文節の中を、自立語と付属語に分けます。「昨日」「梅」、「花」、「咲い（咲く）」は自立語です。「の」、「が」、「た」は付属語です。それぞれの文節には自立語があり、必要に応じて付属語が付け加えられます。

昨日　梅の　花が　咲いた。

品詞分け

橋本文法では文をまず文節に分けます。分節は自立語と付属語でできていますから、品詞もまず**自立語（詞）**と**付属語（辞）**に分け、更にそれぞれを活用の有無で分類しました。

活用しない自立語は、主題（主語）となるかならないかで分類し、主題とならない場合には、修飾・接続関係で分類しました。

橋本文法の品詞分けの概要を表に示します。橋本文法では、詞や辞という言葉が使われており、また名詞も細かく分類されていますが、現在の学校文法では、（詞や辞の代わりに）自立語、付属語という用語が使われています。また代名詞・数詞も名詞に含まれています。助詞も橋本文法では細かく分類されていますが、学校文法では細分しておらず、次の表では省略しています。

またこの品詞分けに対して、感動詞を 単独で文にできる品詞 として自立語や付属語に並べて一番外に出して分類するとか、形容動詞を品詞として認めないという説もあります。

区分			品詞
自立語（詞）			
・活用する：			**動詞・形容詞・形容動詞**
・活用しない			
	主題（主語）となる：		**名詞・代名詞・数詞**
	主題（主語）とならない		
		修飾する：	**副詞・連体詞**
		接続する：	**接続詞**
		修飾接続せず：	**感動詞**
付属語（辞）			
・活用する：			**助動詞**
・活用しない：			**助詞**

扇型構造

小池清治はその著書『日本語はいかにつくられたか？』の中で、橋本進吉の文を**扇型構造**（もしくは立木型構造）と呼んでいます。[15/P214]

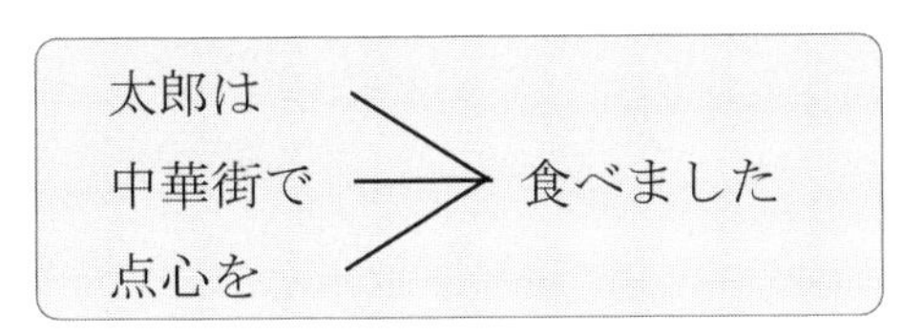

日本語は述部が重要ですので、この扇型構造という捉え方は大切だと思います。5.1 節で詳しく考えます。

橋本進吉と音韻研究

橋本進吉（1882 年～1945 年）は東京帝国大学の国語科の主任教授を務めました。実証的な手法で、精密な古典研究を行いました。特に音韻の研究が有名で、上代特殊仮名遣では古代の日本語の母音の数が８つあったことを、『古事記』や『日本書紀』の万葉仮名の使い方から実証しました。橋本進吉はこの上代特殊仮名遣を独自に発見しました。しかし、本居宣長の弟子であった石塚龍麿の『仮名遣奥山路』に不完全ではあるが同じような研究を見い出し、自らの発見を「再発見」と（謙遜して）言っています。[15/P145]

橋本進吉はその主任教授という役職を時枝誠記に譲りますが、彼の厳密な実証主義に基づく古典の解釈と日本語の研究は、大野晋に引き継がれたように思います。戦争末期の 1945 年、空襲の続く東京で亡くなります。

3.2.3 学校文法の基本となった橋本文法

橋本文法は現在の学校文法の基本となっています。なぜ、橋本文法が学校文法に取り入れられたのでしょうか。

戦前は様々な文法に基づいた教科書があったようですが、戦時中（物資不足のため）文法教科書が統一されました。橋本進吉の指導の下で『中等文法 』（1943 年）が編纂されます。戦後もこれを基にした『中等文法 口語』や『中等文法 文語』（1947 年）が編纂されました。こういった事情もありますが、やはり橋本文法の分かり易さが受け入れられたのだと思います。

橋本文法への批判として、その音韻主義、形式主義、文節文法のリニアな捉え方などが批判されます。橋本進吉自身も、自らの文法について、それまでの（意味論中心の）文法に対する別の見方として、音韻中心の橋本文法がある、という意味のことを言っているようです。[5(3)/P4]

しかし、考えてみてください。「ことば」とは、元々音声で時系列に伝えられますから、「ことば」をまず時系列に文節として捉えるのはそんなに間違ったやりかたではないように思います。また、橋本文法を形式主義と捉える見方についても、そもそも文法とは、表現される内容を正しく伝えるための「形式」だと考えれば、それを形式主義だと評するのは批判になっていないように（筆者は）思います。

3.3　時枝誠記の言語過程説

時枝誠記（ときえだ もとき）の主張した言語過程説は戦後の日本で大きな影響を持ちました。少し詳しく見ていきます

3.3.1 時枝誠記のソシュール批判と言語過程説

表現と理解

時枝誠記は、ソシュールの「言語は、概念と聴覚映像との結合体」という言語観や、橋本進吉の「言語は音声と意味との二つの要素から成立つてゐる」という捉え方を言語構成観として批判しました。[5(3)/P2,3]

それに対して時枝誠記は**言語過程説**を提唱し、言語を 表現と理解という活動 として捉えるべきだと考えました。『国語学の体系についての卑見』の中でこう言っているそうです。

「言語を観察するに当たって、我々が公理として認めてよい只一のものは、それが表現理解の一形態であると云うこと以外には私には考え得られないと思います。言語を音声と意義とに分析して考えることは、宛も「波」を水と風とに分析して考える様なもので、遂にそれは「波」の本質的考察を逸脱するのではないかと云う不安が私には付き纏うのであります。」

そして時枝誠記は、言語を表現・理解の行為であることから、「文法は、表現において、一連の思惟を展開させるに必要な基本的形式である」としました。[5(2)/P3]

言語の成立条件

時枝誠記は、言語を表現と理解という活動として捉えます。そのために言語は、

① 誰（主体）かが
② 誰（相手・場面）かに
③ 何（素材）かを

の三つを表現することにより成立するとしました。[5(4)/P12]

このように主体とか場を考えることにより、ソシュールのような形式論理学的な言語研究から、生きた人間活動の場での研究に進めました。

3.3.2 時枝文法における詞と辞

(1) 詞と辞、陳述について

陳述

従来の言語構成観では、文はその部分を集めただけのものになります。これに対し言語過程説では主体による陳述によって、**文** という統一体を成立させると考えます。

時枝誠記は言語活動を重視しましたから、言語の中の説明的な部分と主張を分けて考えました。主張の部分を**陳述**と言っています（ここで言われている陳述とはどうも話し手の意図とか感情とか、そもそも発話する理由・原因となるものと考えればよさそうです）。

時枝誠記と国学の伝統

時枝誠記（1900 年～1967 年）は京城帝大教授を務めたのち、東京帝大に移り、橋本進吉の後継として国語科の主任教授となりました（よく旧七帝大といいますが、戦前には京城と台北にも帝大がありました）。

時枝誠記は剣道をよくした偉丈夫で、自由闊達、相手が大学教授でも小学校の先生でも同等に接し、それ故に手加減もしなかったそうです。

時枝誠記は東大の学生時代から、日本の言語学研究に見られる欧米言語学への傾倒に疑問を持っていたようです。本居宣長など日本古来の国語学者の研究や意識について探索することを自らの研究の出発点とし、江戸時代の国学者、鈴木朖（すずき　あきら）の功績を見い出します。橋本進吉の実証に徹した冷厳な方法論に対して、仮説（言語観）を立てて、それを立証するという研究方法をとりました。

言語教育を基とする国語教育の振興や、戦後の国語学界の再建にも尽力しました。

時枝誠記の監修のもと、言語過程説に関する多くの学者の意見を合わせて『講座日本語の文法』が編集されました。[5]　しかしその刊行の終了を待たずに亡くなりました。時枝誠記の京城帝大時代からの弟子である山崎良幸は、高知女子大学で教鞭をとり、時枝文法に基づいた自身の文法をやさしく（易しく、且つ優しく）紹介しています。[6]

詞と辞

時枝誠記は、文の構成要素は陳述の有無によって**詞**と**辞**に分けられると考えました。詞は、客観的なものを示す「ことば」(つまり説明)で、文の素材となり陳述を含みません。これに対して辞は、気持ちを表そうとする「ことば」(つまり主張)で、素材的なものを含まない純粋に陳述だけを含みます。

詞は話す前に頭の中で語彙が選ばれているという意味で、一度思惟の過程を通ったと見做されます。それに対して辞は陳述であり主張ですから、言ってみれば思わず発せられる「ことば」になります。

「雨だ」という文は、「雨」という詞(一度思考過程を通った誰にも共通の「ことば」)と、感情を表出する「だ」という辞からできていると主張します。

品詞分け

時枝文法では陳述が大事ですから、品詞はまず(陳述を含むか否かによって)詞か辞に分類されます。

名詞や動詞、形容詞は、客観的な物事の説明であるから詞とし、それらをつないでいる助詞や意図を現している助動詞は主体的にその様子を主張するとして辞と考えました。

橋本文法の品詞分けに似ているようにも見えますが、最初の品詞分けの理由が違っていますから、全く別物だと主張しています。

例えば助動詞ではあっても、受身、使役の助動詞は詞に属し、否定の助動詞には詞に属するものと辞に属するものがあるとされます。また従来の形容動詞は、名詞と助動詞に分けられるとしました。「きれいな」

という形容動詞は、「きれい」という名詞（つまり詞）と「な」という助動詞（つまり辞）からできていると説明しました。

(2) 入子型構造

時枝誠記は詞と辞の結合からできている日本語の構成を示すのに、入子（いれこ）型の構造を提唱しています。

客観的なものを示す詞と、気持ちを表す辞は常にセットになっており、詞と辞の関係が引き出しと取手のような構造であるとしました。

更にそれがより大きな構造に埋め込まれる、という階層構造を考えました。これを**入子構造**と呼び、日本語の文の基本的な型式としています。

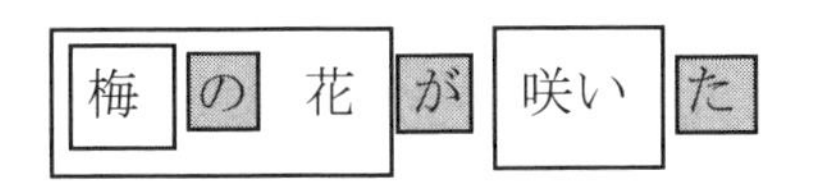

このように詞と辞は 必ずセットになっている と説明しています。例えば次のように動詞で終わるような場合は、辞が無いように見えますが、本当はあるはずの「辞」が隠れていると考えて、**零の辞**（ ）と呼んでいます。

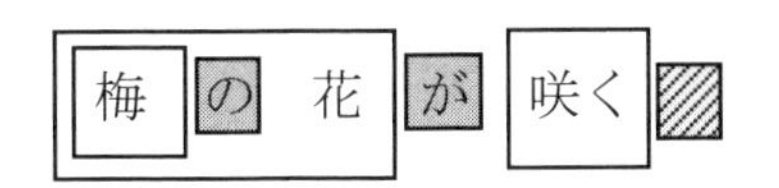

(3) 日本古来の伝統

時枝誠記は、詞と辞という考え方は、日本古来の国学や仏教の流れを汲むものであると考えました。

国学の伝統

例えば、本居宣長や鈴木朖に見られる国学の伝統の中にも詞と辞という考えがあったとしています。[5(1)/P12]

① 鎌倉時代の『手爾葉（てには）大概抄』は藤原定家の作と言われていますが、この中では仏像が尊く見えるのは、周りの花や燭台を使って美しく（荘厳に）整えられているからだと述べています。そしてそういった仏像を荘厳している花や燭台の働きを「てには（つまり助詞）」がしていると説明しています。[5(1)/P17]

> 詞は寺社の如く、手爾波は寺社に対する荘厳の如きものである

② 1.2 節で、本居宣長が『詞玉緒（ことばのたまのお)』の中で「てにをは」の大切さを数珠の紐に例えたことを紹介しました。

本居宣長は、数珠（や首飾り）が美しく感じられるのは糸（緒）によって規則正しく並べられているからだと主張しました。宣長はそのほかにも、着物が美しいのは、それが糸によってしっかりと留められて形を整えているからという例えもしています。[5(1)/P20]

> 客体的な布に、人間の業である主体的なものが加わって、
> そこに、一つのまとまった着物というものができる

③ 時枝誠記は江戸時代の国学者である鈴木朖の業績を再評価しました。鈴木朖は『言語四種論』の中で、品詞を、名詞・形容詞・動詞と言った詞と、「てにをは」の辞に分けています。そして「てにをは」（つまり助詞・助動詞）は詞に付ける心の声であり、詞は「てにをは」が無ければ働かないし、辞は詞が無ければ付くところがないと言って、助詞や助動詞の大切さを述べています。[5(1)/P85]

「テニヲハヽ其詞ニツケル心ノ声ナリ、（中略）詞ハテニヲハナラデハ働カズ、テニヲハヽ詞ナラデハツク所ナシ」（鈴木朖）

時枝誠記はこういった藤原定家や本居宣長、鈴木朖の例を挙げて、仏像や着物といった客体である詞に対して、それらを荘厳する、もしくは美しく見せる主体としての働きが「てにをは」などの辞にあるとしたのです。そしてそれが日本の国学の伝統だと主張しました。

仏教の思想

更に国枝誠記は、詞と辞といった考えは仏教の考えにも基づいていると考えました。仏教には認識対象を表す**境**と、感覚器官の働きを表す**根**という考えがあります。時枝誠記は、

- 客体の世界を表現する語である境とは、詞のことであり、
- 客体の世界を捉える人間の心の働きを表現する語である根とは、辞のことである、

と考えました。[5(1)/P24]

このように時枝誠記はソシュールの西洋的な言語学を批判するに際して、日本古来の伝統を対置しました。

六境と六根

仏教では，認識作用の対象 を **境**（きよう)、認識する感覚器官とその働き を **根**（こん）といいます。

境には「色・声・香・味・触」の五境と「法（ほう)」があります。「**法**」とは、法（のり）すなわち認識対象の持つ自然の法則性（摂理）を表しているようです。例えばリンゴの木が、毎年実を育てて、赤いリンゴができます。これがリンゴの持つ法則性としての「法」です。「法」の結果、実になったリンゴは赤い色や甘い香りを発します。これらの色や香り、味が五境として、人の感覚器官に刺激を与えます。

五境に対応して、刺激を受け取る感覚器官とその働き、「眼(見る)・耳(聞く)・鼻(嗅ぐ)・舌(味わう)・身（触れる)」が五根になります。これらの五根に、「意」(あらゆる精神活動をつかさどる器官）を加えて六根と言います。「**意**」には、認識と記憶と想念（思考）という三つの働きがあるとされます。つまり脳の働きと考えてよさそうです。

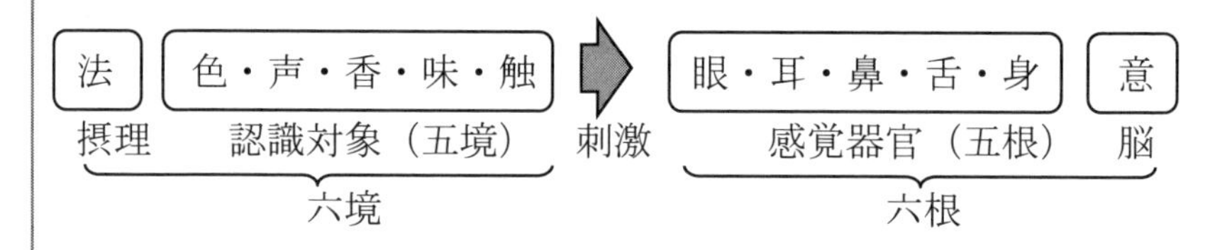

六根は人間の認識の根幹ですから、我欲にまみれないように清浄に保つことが大切です。これを六根清浄（ろっこんしょうじょう）と言います。六根清浄のために、不浄な俗世との接触を絶つ山ごもりなどが行なわれました。「六根清浄」という言葉は、今でも熊野古道の修験者が登山する際の掛け声に使われています。

3.3.3 時枝文法の目指したもの

このように時枝誠記は「ことば」を生きたものとして捉えようとし、更に日本の伝統から説明しようとしました。時枝誠記の言語過程説は大きな影響を及ぼし、多くの言語学者を含めて活発な研究がなされました。

福田恆存は、「時枝先生の業績」(『講座日本語の文法』付属月報の追悼特集)の中で、時枝文法への期待を表明しています。[5(4)/付]

「言語過程説の根底には言葉といふものに対する不信感に通じるものがある事を屡々感じさせられた。この不信感は形式論理学、更に記号論理学にまで展開されていく西洋人の言語観に激しく対立するものである。が、その西洋でも伝達機能としての言語に対する不信感が全く無い訳ではない。といふのは、その不信感からくる足掻が論理学を記号論理学の狭い枠の中へ追ひ遣つてゐるとも言へるのである。とすれば、時枝先生の言語観は単なる西洋への反抗、乃至は国粋主義ではなく、もつと普遍性の有るものであり、 ---- 国語学者が先生の遺志を継いで、更に言語哲学の本質に迫る事を期待したい。」

(注) 1.3 節で述べたように、福田恆存はその著作を歴史的仮名遣で書いています。[P33]

はたして時枝誠記の批判したもの、目指したものが何であったかについては、第8章で再度考えてみたいと思います。

第１部のまとめ

(1) 文字の伝来以来、日本語を書くための努力がなされてきました。

① 日本は中国から文字や文化を学び取り入れてきました。仮名が発明され、和歌や女流文学など国風文化が発展しました。

② 明治になって、言文一致の運動など、文字を大衆のものにする努力がなされました。

③ 戦後の国字改革において、漢字の字数制限や仮名遣いの見直しにより現在私たちが使っている日本語になりました。

(2) 西洋における言語学は、印欧語族の発見から始まりました。

① フンボルトの研究やポール・ロワイヤル文法の研究がありましたが、比較言語学から本格的な文法研究が始まりました。

② ソシュールは、言語を所記と能記の対応と考え、その恣意性を強調して言語を記号として捉えました。

③ チョムスキーは言語を人の持つ能力だと考え、生成文法という考えを提唱しました。生成文法の考えは今も発展し続けています。

(3) 日本でも明治以降西洋の影響を受けながら文法研究がなされます。

① 大槻文彦は日本で最初の国語辞典を編纂し、西洋の文法研究を取り入れて近代における日本語の文法研究の本となりました。

② 橋本進吉は実証的な国語研究を行いました。厳密な音韻の研究を行い、その文節文法は現在の学校文法の基本になっています。

③ 時枝誠記は言語過程説を提唱し、表現と理解という生きた活動として主体を重視した言語学を目指しました。

中国からの文字の流入以降、日本語を書く試みがなされてきました。仮名の発明や明治期の言文一致の運動、戦後の国字改革などの努力を経て今の日本語ができています。一方中世から近世の研究を経て、明治期以降欧米の言語学と格闘しながら日本語の文法を作る努力がなされて来ました。

①「ことば」は伝達（コミュニケーション）の手段と考えられてきたように思います。そして「ことば」とは音声（音素列）をもって表されるという性質が基本のようです。

②「ことば」には能記（音素）と所記（意味内容）があります。

ソシュールは、能記と所記の恣意性を強調して「ことば」を記号として捉え、記号論理学に適用できるとしました。それに対して時枝誠記は、「ことば」を活動、行為として捉え、主体を重視しました。「ことば」の持つという恣意性について、また主体とはどうあるべきかについても考える必要があるようです。

③「ことば」が表現するには語彙だけでは不十分ですから文を作ることになります。そうすると無限にある文において、表現と理解を一致させるために、どのように文を作ればよいのでしょうか。ソシュールは文をラングとは考えずに研究の対象にしませんでした。チョムスキーは規則性を見つけることにより、無限に文を作れると考えました。

こういった「ことば」についての疑問を課題として、「ことば」の始まりから考えて見たいと思います。第２部で、「ことば」がどのように作られてきたのかを考えます。

第２部　人類による「ことば」の獲得

第２部では『日本語言始』という本書の書名に従って、「ことば」の獲得過程を推理してみようと思います。

「ことば」は、伝達（表現と理解）に使われると考えられます。そのためにはまず語彙としての「ことば」が必要で、それが集団の中で共有される必要があります。語彙を重ねて文を作りますが、表現と理解を一致させるためには文の作り方に決まりを設けます。このようにしてできた「ことば」は、伝達だけでなく人々の思考にも用いられます。

以下第４章から第６章にかけて、言語獲得の過程を推理してみます。

第４章は、息吹、すなわち呼気から始めます。感情表現としての叫びから、音声を意味と関連付けて「ことば（語彙）」ができ、集団で共有されます。「ことば」は概念となり脳内に蓄積されます。

第５章では、「ことば（語彙）」を重ねて文を作ります。正確に意味を伝えるために、どのように決まりを作っていったかを辿ります。日本語の文の作り方を簡単に振り返り、その仕組みを考えるために英語や中国語と比較します。

第６章では、「ことば」の大切な働きである思考について考えます。「ことば」は認識や伝達に使われますがその際にも思考します。「ことば」の獲得過程での思考の働きを含めて考えます。

第４章　「ことば」の始まり

今まで先人たちが「ことば」をどのように考えてきたかを第１部で見てきました。これから私たちは「ことば」の始まりを考察するのですが、まず第４章では「ことば」として語彙を考えます。

「ことば」は音声でもって表現されるのが基本のようですが、更に「ことば」を考える上でのいくつかの前提をします。

聖書では 神ありき ということから始まります。「ことば」、もしくは世界の始まりを神から導き出すと、結構簡単に様々な説が主張できそうですが、本書ではもっと自然科学的に考えます。言ってみれば聖書よりもダーウィンの進化論に依ることにします。ですから、私たちの周りの「もの」についても、「考えるから、もの（自然）がある」というより、昔からの自然科学者たちが素朴に信じたように、「もの（自然）があるから、それを認識しようとする」という立場です。「素朴実在論」と称します。

また獲得過程における「ことば」というのは話し言葉ですから、記録が残っていません。ですから観察や実験といった実証主義的な手段は使えません。深い思惟の力が必要になります。

「ことば」とは表現と理解です。そのためには「もの」が認識されて話し手と聞き手の共通の「ことば」になる必要があります。ということは、私たちが今から試みる「ことば」の獲得過程というのは、実は認識過程でもあるわけです。私たちの先祖が何万年、何十万年もかけて、いかに世界を感覚し、知覚し、表象を得、それを「ことば」で表したかという認識過程が、実は「ことば」の獲得過程なのです。

直接的な、もしくは短絡的な判断ではなく、人がいかにその感覚器官からの情報を、感性や理性を使って認識してきたかについて、一段一段平易に、且つ丁寧にたどって解釈していく必要があります。本書ではこの流儀を「平明解釈流」と名付けます（便宜的に「平解流」と略します）。

というわけで、威風堂々でも旗幟鮮明でもありませんが、第４章を始めるにあたっての基本となる考え方です。

「素朴実在論」、これ　わが旗印 「平明解釈流」、これ　わが道標（みちしるべ）

4.1　息吹による発声

時枝誠記は表現を「話すこと」「書くこと」、理解を「聞くこと」「読むこと」として捉えています。しかし本書は「言始（ことはじめ)」つまり「ことばの始まり」を考えますから、文字による「書くこと」「読むこと」はしばらく脇に置いて、まずは「話すこと」「聞くこと」から「ことば」を考えてみたいと思います。

人による表現にはジェスチャーや手招きなど視覚に訴えるもの、手を叩く・足を踏み鳴らすといった聴覚に訴えるもの、もしくは肩をたたくとか背中を押すといった皮膚感覚に訴えるものなどがあります。

「話すこと」とは、音声を使って表現することです。そして音声とは（音声の始まりとは)、呼吸の際の空気の流れ、つまり息吹を使った発音です。「ことば」はまず息吹から，つまり叫びや呻きから始まります。

4.1.1 刺激と反応

世界の始まりから、万物は流転し、生成し消滅し形を変え、互いに関係し相関し、総じて運動していたようです。そしてこういった変化の要因を個体の外部に求めると、無生物では作用と反作用、生物では刺激と反射ということになります。動物では周りの自然を知覚して反応します。人は自然や社会を認識して意思表示や行動をします。

(1) 外界への物理的、化学的反応

宇宙や地球ができて、無機物から有機物、更に単細胞生物から植物が発生します。

無機物や有機物は外界からの刺激に対しては、物理反応・化学反応を起こします。風が吹けば砂が舞い上がる、水の流れが岩を削る、太陽に照らされて水が蒸発するといった自然現象が起こります。

植物は光に向かって枝が伸び、温度が上がると芽を出し花を開きます。

(2) 動物における刺激に対する無意識の対応

やがて動物が出現します。

動物では感覚器官が生じます。感覚器官によって受容した刺激に対して、まぶしい光に合うと目を細めるとか、熱いものに触ると思わず手を引っ込めるという反応を起こします。また感覚器官で感じた刺激は交感神経や副交感神経に伝わり、脈拍の増加、発汗、体の震え、表情の変化といった生理的反応を起こします。

動物は種族保存といった本能により、季節が来て異性を見つけると発情しお尻が赤くなる、胸が大きくなる、臭いを発するなど種族保存の本能による反応を起こします。

こういった動物の外界への反応は、意識されずに行われます。言ってみれば反射的な反応です。

(3) 息吹による無意識の反応

外部からの刺激に対する反射的な対応に、吐く息（呼気）すなわち息吹を使った反応があります。息吹を使った反応は、広い意味で叫びであり、悲鳴や呻きを発します。

思わずあげる悲鳴や叫びは、仲間への警告や自分たちの置かれている状況を知らせる手段にもなりますが、反射神経の働きによるものでしかありません。思わず叫んでしまうと、敵や危険な動物にこちらの位置を知らせてしまうことになります。ですから危険を回避するという本能からすれば逆の効果になります。つまり意図された発声ではありません。
しかし大切なことは、これらの叫びが、ある時はその大きさで、ある時は（喉を絞って発声される）その緊張感で、なにがしかの意味の違いを聞く相手に与えるということです。叫びは、ある時は悲鳴であり、ある時は呻きですが、聞き手には時に警戒、時に助けや協力を求めるサインとして、何らかの意味をもって伝わります。

(4) 警戒や威嚇のための意識した叫び

ここまでは人の、というより動物の無意識の反応です。つまり条件反射的な無意識の行動です。
人が意識して叫ぶ時には、仲間への警戒や助けを求める、相手を威嚇するといった意図を持つことになります。しかし意図を持つ前提として、人は（動物は）外界（自然や社会）を知覚する必要があります。
では、人はどのようにして外界を知覚するのでしょうか。

4.1.2 外界を知覚する

(1) 自然は現象する

人は外界を、すなわち対象としての「もの」を感覚によって捉えます。
「もの」は、その形状や大きさ、色や臭い、質感など様々な性質を持っています。またその成長過程に従って様々な様相を示します。つまり「もの」は様々な方法で現象するわけです。
リンゴは木になって、その実は青色から段々赤くなります。熟すと少し甘酸っぱい臭いを出します。そういった性質を外部に現象させます。

(2) 人は感覚する

こういった外界（体外）からの刺激を、人は感覚器官によって受け取り脳に伝えます。

外界からの刺激

人の体はトポロジー的に考えるとドーナッツ状だそうです。すなわち、人体という円柱に、口からお尻にかけて細長い穴が通っているという形をしています。私たちの体は、皮膚とこの細長い穴（つまり消化器と呼吸器）を通じて体外と接しています。そして消化器を通じて栄養の摂取と老廃物の排泄を、呼吸器を通じて酸素の吸入と二酸化炭素の排出をしています。

外界からの刺激に対しては主に皮膚が受容しますが、消化器や呼吸器にも影響を与えます。木にぶつかると皮膚にあざができますが、汚れた空気を吸うと肺が汚れる、腐ったものを食べると胃腸を痛めます。

外界からの皮膚への刺激のうち、特定の刺激に対しては専門の感覚器官が発達します。

感覚器官の形成

外部に接した皮膚の感覚のうち特に有用なものは、特定の部位に特別敏感な感覚器官を構成します。光に対する感覚は目に、音に対する感覚は耳に、特に敏感な専用の部位、つまり受容器を構成します。人間には受容器として、目、耳、鼻、舌、そして皮膚があり、それぞれ、光、音、臭い、味、痛み（接触・圧迫・温度など）を感覚します。そしてこれらの感覚受容器への刺激は、視覚、聴覚、臭覚、味覚、触覚という五感として脳に伝えられます。

自然界には様々な刺激があります。電界や磁界、放射線など、人の検知できない刺激もありますから、人はそれなりの必要があって五感を発達させてきたのでしょう。もし第三次世界大戦が起こって、放射能まみれの世界にも生き残る人類（動物）がいたとしたら、放射能を検知する器官を持つようになるかもしれません。

この五感は体外感覚ですが、人にはその他に体内感覚というものもあります。胃がもたれるとか、筋肉痛とか、頭痛などです。本当は体内感覚も大切な感覚なのですが、一般に感覚器というと外部からの入力を考えて五感のことをさすようです。

また同じ五感といっても、犬は臭覚が優れており、蝙蝠の聴覚は人よりはるか高周波まで聞くことができます。また赤外線や紫外線は視覚としては見えませんが、温かさとして感じたり、皮膚に影響を与えます。

人により敏感さも異なります。芸術家は鋭敏な感覚を育てており、私たちが気付かない音や色彩を感じているようです。宮本武蔵のような昔の剣豪たちは、私たちが何の違いも感じない空気の変化を気配（殺気）としてかぎ取る能力を養っていたのでしょう。

また、元々体外との接触は皮膚で行っていました。その機能が専門の器官にかわっても、皮膚呼吸のように皮膚に機能が残っているものもあります。感覚機能についても残っているかもしれません。

第六感というのもあります。特に感受性が強くて他人が気付かないことを感じる人もいます。豊かな経験や合理的な思考が背景に有って、論理的説明ができなくても直感として感じる場合もあります。

(3) 人は知覚する

外界から受け取った刺激が、感覚器官を通じて情報として脳に伝えられます。脳に伝わった情報は、ばらばらの個別の情報です。これらの情報をつなぎ合わせて、私たちは対象をある「もの」として知覚します。

塊として切り出す

人の感覚器官からの情報は視覚によるものが一番多いようです。目から伝えられた情報は一枚の平面的な絵のようなものですから、人はその中から対象を塊（かたまり）として切り出します。そのためには色の違う部分や同時に動く部分を周りから区別したり、角度を変えて見ることにより塊を切り出します。

木の上に丸くて赤いのがある　なんだろう

撫でまわし舐めまわす

視覚以外にも触感や臭い、叩いた時の音や味覚など、五感という能力をフルに使って、対象を知ろうとします。幼児がおもちゃを見て、触って、撫でまわして、叩いて、匂いを嗅いで、更にしゃぶって知ろうとするように、五感からの情報をフルに使って対象にせまります。

もいでみると よい匂いがする
表面はなめらかそうで齧ると甘酸っぱい

知覚する

こうして切り出されたものに関する様々な刺激をまとめ、それらが同一の対象から発せられたことを確かめ、その対象を一つの「もの」つまり実体として知覚することになります。ある実体があって、それが形や色・臭いや質感といった性質を持ち、そういった性質が周囲に現象したものを我々が刺激として受け取っている、と把握するわけです。

これは 丸くて 赤くて 食べると美味しい これは美味しい「もの」だ

(4) 人は表象を持つ

表象を得る

感覚は人と対象が離れてしまえば感覚器官から消えてしまいます。せっかく感覚し知覚されても、刺激が無くなれば知覚されたものも消えてしまいます。しかし長時間、もしくは繰り返し感覚することにより、脳内には感覚器官の残像が残ります。ある「もの」として知覚された実体の残像も、**表象**として脳内に残ります。

表象は同定される

ただし自然界に全く同じものはそう多くありませんし、また同じものでも、次の日には様子が変わっています。ですから人の持つ表象も少しずつ修正されていきます。少し小さくても、色が悪くてもリンゴはリンゴであると考えます。また昨日はまだ青くて、今日は大分赤くなったけれどやはりリンゴであると考えるわけです。長い期間の経験によって表象は同一のもの、もしくは同一種として同定されます。

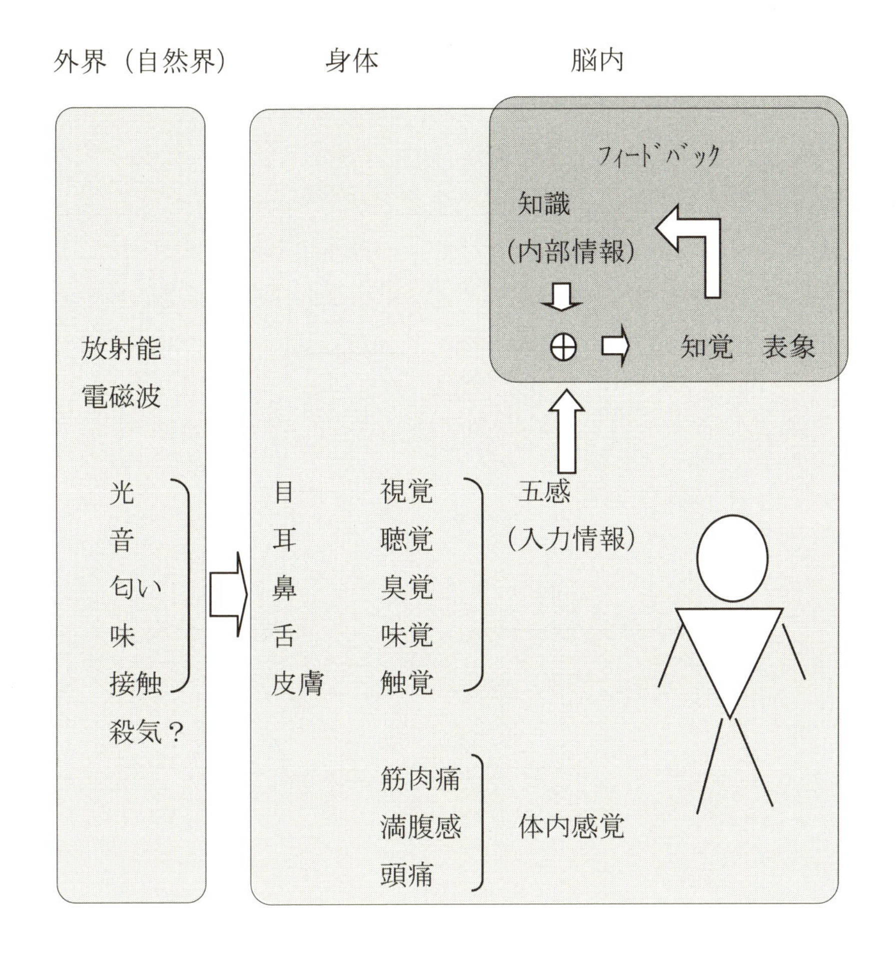

表象の持つ対象の性質

私たちは対象の表象を持つことまで見てきました。表象には対象の性質も含まれます。直接感覚器官からの情報以外に、経験からの情報も含まれるようになります。リンゴは空腹の解決に役立つとか、ウサギは走るのが早いけど捕まえて食べると美味しいとか、熊は力が強くて危険であるといった判断も対象の持つ性質として表象に含まれるようになります。

4.1.3 意思の表出の手段

私たちは表象の獲得にまでたどり着きました。それぞれの表象は形や色、美味しいとか危険という性質を持った「もの」というイメージだけで、極めて不安定ですし、個々人の中にしかありません。

しかしこういった表象には対象に対する判断、つまり食べれば美味しいとか、近づくと危険だから逃げたほうがよいという判断も含まれるわけですから、周辺の仲間にも知らせようという意図が生じます。

(1) 表現する意思

動物が複数集まるとコミュニケーションを取ります。「ことば」を持たないイルカや猿なども、危険を知らせる叫びや威嚇、ラブコールをします。感情表現、サイン的な意志表現です。ラブコールも「星が綺麗ですね」と言っているわけではなく、たんなる恋の（欲情の）悶えであり感情表現です。「ことば」をしゃべらない赤ん坊でも感情表現として声を出します。表象に対して意思を表出したいのですが、まだこの表象には、それを表す標識（名前）が付いていませんから、表現したいことを「ことば」では表せません。

(2) 動物の行う発音

仲間や集団（もしくは敵）に何かを知らせようとすれば、五感のうちのどれかに訴えなければなりません。味覚、臭覚に訴えるのはすぐには難しそうです。きっと視覚、聴覚、皮膚感覚に訴えるのでしょう。大きな音を発して危険を知らせるとか、尻振りダンスや胸を膨らませてラブコールをする、歯を剝き出しにして威嚇するなどします。きっと様々な動作を組み合わせて体中で表現します。

視覚に訴えるためには相手がこちらを見ていなければならず、皮膚感覚に訴えるのは、相手が近くにいる必要があります。様々な表現手段の中で聴覚に訴えるのが一番便利なようです。では動物が相手の聴覚に訴えるには、どのような発音手段を擁しているのでしょうか。

① 蚊は飛翔音で異性を引き付けると言われています。コオロギは前翅(ぜんし)同士、もしくは前翅と後肢を擦り合わせて発音します。セミは筋収縮によって鼓膜を振動させて音を出します

② キツツキは木の幹を嘴(くちばし)で叩いて音を出します。多くの鳥類では気管が気管支に分岐する鳴管といわれる部位に半月形の膜があり、これを振動させて発音します。

③哺乳類では、喉の奥の声門にある声帯を震わせて発音します。

(3) 人間の息吹による発声

哺乳類の一種である人間も声帯を使って発音、すなわち発声をします。もちろん、手を叩く、足を踏み鳴らすといった方法も用いるでしょう。でも本節（4.1 節）の始めに述べたように、人は（動物は）本能的に叫ぶという発音手段を持っているのですから、その延長として声帯による発声というのが一番あり得る方法のようです。

声帯は脊椎動物の喉頭と咽頭の間にある発声するための器官です。肺から排出される空気が通り抜ける時に振動し、音（声）を発生します。

声帯は、空気の量を調節して声の大きさを変えること、また声帯の緊張具合で振動数、すなわち声の高さを変えることができますが、音素として弁別できるような音声ではありません。ですから、声帯（だけ）を使った発声というのは、危険を知らせるのに差し迫った高い声を出す、苦しい時に低いうなり声を出すといった一種の感情表現、サイン的な意思表現になります。せいぜい口の形を変えて母音を区別するということになります。

日本語の母音

日本語では、開放感や緊張感などの違いを母音でもって表せます。

例えば「あ段」の音は、大きく口を開けて発音しますから、明るいイメージを持ちます。それに対して「お段」は少し暗い感じです。擬態音の「からから」は「ころころ」に対して、「がらがら」は「ごろごろ」に対して、大きいまたは明るいイメージに使われます。「ばらばら」は大きく広がった感じですが、「ぼろぼろ」は貧弱なイメージです。「たらたら」は注意力の拡散した感じで「とろとろ」は注意を払う元気もない感じですね。

こういった違いはどこから来たのでしょうか。例えば思わぬ事態に気持ちが集中し、顔の筋肉から力が抜けて「あっ」と発声したのが「驚いた」という意味の表現になり、筋肉が緊張して「いっ」と発声したことが、「あぶない」という意味の表現になったと思います。

このように日本語では、母音の違いでもってなにがしかの感情や意図の違いを表せたように思います。

あ：　驚き、働きかけ、
い：　緊張、警戒、鋭さ
う：　呻き、苦痛、不同意
え：　意外、戸惑い、曖昧
お：　意外、警戒、受け身

えっ、俺はそんな違いを感じないって！　そうですか。昔の人は自然の色や音にとても敏感だったと思います。原色や騒音のあふれる現代人には、そういう鋭敏な感覚が退化して鈍感になっている人もいるのかもしれませんね。~~違いを感じないというあなたのことです。~~

「ことば」の端緒（平解流） 4.1 節の復習です。

① 私たちは『日本語言始』ということで、「ことば」の始まり、つまり「ことば」に関して、例えていえば「無」から「有」が生じた過程を突き止めようとしています。

② そして最初に「ことば」が息吹であることから始めました。

③ 次に考える必要があるのは、息吹でもって意味の違いを表すということを、何故思いついたのか ということです。そしてその対応を思いついた媒介項として、私たちが無意識に発する 悲鳴や唸り、呻き を考えました。（4.1.1 項）

④ その次に考えたのは、 無意識の「叫び」 から意識した「叫び」に発展する前提として、人の 意識 の存在が必要だということです。

⑤ 意識の存在のためには、外界を知覚すること、つまりこれはエサになるから捕まえろとか、あれは危険だから逃げろというように、脳内に何らかの表象（認識）を持つ必要があります。（4.1.2 項）

⑥ 意識を持つと意思を表そうとします。そしてその手段として息吹を用います。（4.1.3 項）

動物や幼児の感情表現である 無意識の「叫び」 から、意識した「叫び」 に進むには、表象毎に息吹を発声しわける、つまり表象を示すための標識（名前）が必要になります。ではどのように標識を付けたのでしょうか。

4.2 節に進みましょう。

4.2　表象と標識による「ことば」

4.2.1 表象に標識を付ける

感覚器官からの刺激により作られた表象は、**標識**を付けられて「ことば（語彙）」になります。そのためには、

(1) 対象を発声（音素列）により特定し、

(2) 発声を標識として固定し、　　　更に

(3) その標識が話し手と聞き手、そして集団内で共有されなければなりません。

(1) 目の前の個別 を発声により特定する

指し示して発声する

人が他人とコミュニケーションをとる時に、最初に対象として特定できるのは 目の前の個別のもの だと思います。目の前の個別のもの、つまりお互いが見える場所にあるものや人を、指で示しながら声を出して特定したのでしょう。例えば自分を指して「ワ」、相手を指して「ナ」、他の人を指して「カ」というように言ったと思います。

発声だけで特定する

最初は指で示していても、繰り返されると当然、「ワ」「ナ」「カ」といった発声だけで、自分、相手、他の人といった意味を示せるようになります。

仲間で狩をして獣を追い込んでいる時に、私が弓を放つのか、あなたが槍を投げるのか、もう一人が網を打つのか、とっさに指示しなければ

ならないとします。もちろん緊急の場合ですしジェスチャーをしようにも手は弓矢でふさがっています。当然何らかの発声で指示することになります。このように目の前にあるものに対して、指し示すことなく発声でもって特定のものや人を表します。

(2) 表象に特定の標識を付ける

米と魚を交換する時に、「これ」とか「あれ」と指で示しながら発声して、交換したい「もの」を特定します。しかし、今日米と魚を交換できて、明日も同じ交換をしようとしても、明日の米や魚は目の前には見えません。ですから指で示して対象を特定できないわけです。

目の前には無い対象を特定するためには、特定される対象の表象と標識が脳内にあることが前提になります。

対象の表象が脳内に存在する

4.1 節で、人は目の前にあるものを感覚し、その情報を集めて「もの」として知覚する過程を考えました。更に知覚が繰り返されるとその残像が脳内に残り、表象として保存されることを述べました。ただし、これらの表象は漠然としたイメージだけで、まだ名前はついていません。

対象を特定する標識が脳内に存在する

目の前にある「もの」を、発声だけで特定することを繰り返すと、目の前に無い「もの」も発声だけで表すようになります。米と魚を指でさし示さなくても、(表象のイメージをジェスチャーと組み合わせながら)「コメ」や「ウオ」といった発声で示すことが重なると、それが標識として互いの脳内に残ります。そして同じく脳内に保存されている表象に繋ぐことができれば、音声は表象に対する標識になります。そして対象が目の前に無くても、同じ標識（音素）で、同じ表象を連想できることになります。つまり、表象に名前が付いたことになります。

(3) 表象と標識の対応が共有される

標識の共有

表象があること と 標識が存在すること だけではまだ「ことば」としては不十分です。同じ表象に対して、標識が集団内で共有されることが不可欠です。二人の間で特定できた表象と標識の関係を第三者にも広げます。二人の間での表象と標識の特定は、一時の合意です。しかし、第三者や集団で、または別の場所、別の時にも使われるようになると、一時の合意を超えて集団内での約束（決め事）になります。長い時間をかけてこういった表象と標識の対応が次第に集団内で共有されます。

表象の内容のすり合わせ

表象と標識の対応が集団内で共有される過程には、紆余曲折があったであろうことは容易に推測されます。集団が違えば別の標識で呼ぶこともあったでしょうし、同じ標識で呼んだとしてもその表象の持つ範囲は微妙に違うかもしれません。「ウオ」という標識の持つ表象が、一方が鰻であって、他方がドジョウであればトラブルの原因になります。

そのために長い時間をかけて、集団の中でお互いの表象と標識のすり合わせが行われます。ある標識の表す表象は生活集団の中で特定され、共通のものになっていきます。

集団の中で精密になっていくということは、各個人の脳内でも精密になっていくということです。このように、共有という作業を通して、ある標識で表される表象がより精密に規定されるようになり、また安定して使われるようになります。

4.2.2 標識に使う音素

標識は集団内で共通の発声で示されます。また別の標識と識別される必要がありますから、当然発声として聞き分けられることが必要です。

元々人の発声器官は声帯です。声帯だけの発声では表せる標識の種類に限界があります。本能的な叫びや単なる呼びかけだけの発声だけであった時期には、この限界は意識されないでいたでしょう。しかし表したい標識の種類が増えると、声帯だけでの発声という限界は人々に制限として意識されます。そしてこの制限を超えてもっと多くの標識を発声し分けたいという願望は当為となって、声帯だけでなく、呼吸器官や消化器官である口、舌、唇、口腔を使った発声（音素）を実現します。

4.2.3 音素の選択

それでは人々は「ことば」を作るうえで、どのように音素や音素列（能記）を選んだのでしょうか。もちろん記録の無い何十万年も前のことを知る由はありませんが、発音しやすい、また表象をイメージしやすい音素を選ぼうとしたとは推測できます。

(1) 音素の選び方

母音では「あ」の音が発音しやすい音声です。ただ口を開けて発音できます。驚いて思わず口に出すと「あっ」になります。

日本語では [a] の発音つまり「あ段」が結構多く使われているようです。自然を表す「山」「川」「原」は全て「あ段」ですし、「天」も「海」も「あま」と読みます。『古事記』や『日本書紀』によると、天孫降臨の前に日本の神様（天つ神）は「高天原」に住んでいたとされますが、「高天原（たかまがはら）」は発音が全て「あ段」です。

子音では、[p]、[b]、[m] の発音、つまり「ぱ行」「ば行」「ま行」は調音点として両唇を使います。そのために「た行」や「な行」のような歯茎音に比べて、歯や歯茎の発達していない幼児にも発音しやすい音です。また破裂音ですから、摩擦音のように微妙な摩擦をする必要も無く、調音法としては最も発音しやすい音です。[P39]

こういった「ぱ行」「ば行」「ま行」の子音に「あ段」の母音を付けると、「ぱ」「ば」「ま」になります。つまり、「ぱ」「ば」「ま」は幼児にとっても発音しやすい音と言えます。

英語では両親のことを「パパ」「ママ」と呼びます。中国語では両親は「爸爸 [baba]」「妈妈 [mama]」になります。日本語では「ばば」はおばあさんのことで、「まんま」はご飯のことです。生活で一番大切なものに対して、幼児が（幼児に限らず）発音しやすい音を使うということは自然なように思えます（日本の親は畑仕事が忙しくて、赤ん坊の食事の世話はお祖母さんがしていたのでしょうか）。

(2) 音素列の選び方（能記）

では音素列についてはどうでしょうか。

日本語には擬音語や擬態語（オノマトペ）が沢山あります。こういった擬音語や擬態語は、日本語、朝鮮語、マレーシア語などに多く、印欧語ではほとんど見られないそうです。

大野晋は、日本語ではこういった擬音語や擬態語から多くの「ことば」が作られていると述べています。 [8/P67]

擬音語や擬態語から作られた名詞を考えます。

大きな石を動かす時に、石の下に丸太を挟んで、丸太を転がしながら石を動かします。この丸太を「ころ」と言います。ころころと転（ころ）がされるのが「ころ」と呼ばれます。くるくると回る車輪は 「くるま」と呼ばれます。

名詞だけでなく動詞も擬音語や擬態語から作られました。

ざわざわと「騒（ざわ）めく」、ゆらゆらと「揺らぐ」などの例が挙げられます。 すす や そそ という擬態語から「濯ぐ、雪ぐ、漱ぐ（すすぐ)」や「注ぐ」という動詞ができました。

昔の日本語には、「は行」が無くて「ぱ行」の発音でした。この「ぱ行」の発音が、現在では「は行」になっています。これは火を使うことにより食べ物が柔らかくなって、下顎が後退したことが原因のようです。下顎の後退に伴って下唇も後退し、両唇破裂音である [p] が発音しにくくなり、[p] ➡ [f] ➡ [h] と変化して「ぱ行」が「は行」になったと考えられます。

ですから現在では「ひかり」という発音を、昔は「ぴかり」と発音していました。つまり「光（ぴかり)」は、ぴかぴかと「ぴかって」いました。「旗（ぱた)」は、ぱたぱたと「ぱた」めいていました。「機織り（ぱたおり)」は、ぱたぱたと「機（ぱた)」を織っていました。

このように日本語においては擬音語や擬態語から多くの「ことば」ができました。

4.3　「ことば」は概念になる

4.3.1 標識で特定された表象は概念になる

音素列という標識で区別された表象がその表す範囲を特定され、更に集団で共有されると「ことば」になります。「ことば」の持つ標識と表象の関係を単純な対応と考えると、ソシュールの言う能記と所記になりますが、「ことば」は能記と所記の単なる対応を超えて**概念**になります。

(1) 概念は規定する

自然に対する認識が深まり、表象がより正確に対象を反映して規定されるようになると概念になります。

「牛」を規定するには、生物、動物、脊椎動物、哺乳類、ウシ科という分類に従った説明が一番妥当でしょう。

このように概念は、自然の持つ層構造の中で、それの持つ性質でもって規定されます。つまり私たちは差異によって分節するわけですが、単に差異によって分節するわけではなく、外界の「もの」を共通する性質と異なる性質で分類し、差異の系統を調べ、自然界の中での層構造を明らかにしながら分節しているのです。

(2) 概念は社会的な要因に従って世界を分節する

社会的な要因によって、自然の層構造を超えて分節する場合もあります。イルカは哺乳類ですが、動物園ではなく水族館で見られます。また同じ魚が出世魚のように違う名前で呼ばれる場合もあります。つまり自然の層構造というより、それを認識してきた人類の知識の発展に従って分節しているわけで、社会的な要因が背景にあるのは確かなようです。

(3) 状況によって概念の範囲は異なる

また日常生活においては、「ことば」の持つ内容は、用いられる状況によって異なってきます。レストランで、「今日は魚にしよう」と言う時の魚は当然食べられる魚のことでしょう。観賞用の熱帯魚を売っている店で、「いい魚ありますか」と言う時の魚とは違っているはずです。動物園と言う時の「動物」には、犬や猫は含まれないでしょう。

つまり概念は、使われる状況によって含まれる範囲が変わり得るということです。概念を細かく定義すると含まれる範囲は小さくなります。内包（定義）を厳密にすると外延（範囲）が狭まるという関係です。結婚相手を選ぶ時に、対象者の条件を、年齢・収入・学歴・外観と増やしていくと対象者が絞られていくのと同じ関係です。私たちは状況に応じて、異なった内包と外延において「ことば」を使っているのです。

4. 3. 2 概念は拡がる

概念の表す範囲は拡大する

概念は、存在する「もの」だけでなく「もの」の性質や動作も表します。つまり、概念としての「犬」の持つ「かわいい」とか「白い」という性質や、「走る」とか「吠える」という動作も概念になります。「忠実」という抽象的な性質や「引力の法則」も広い意味での概念となります。このように名詞だけでなく形容詞や動詞、法則なども概念に含まれます。

そして概念を説明するのに概念を用います。「ビーフ・カレー」を説明するには、まず「カレー」を、それからその「カレー」の中に入れる「牛肉」を説明します。「牛肉」は、「牛」と「(食用としての) 肉」から説明します。

概念は脳内にある

ここで重要なのは、概念は脳内にあるということです。「ポチ」や「チビ」や「マーシャ」を見て、「イヌ」と言う概念が脳内に形成されます。犬の好きな人にとっては、可愛いとか忠実というイメージを伴って、嫌いな人であれば、噛みつかれそうで怖いというイメージを伴って概念が形成されます。決して、「イヌ」という標識（能記）だけが脳内にあって、その表象（所記）が外部にあるわけではありません。概念は脳内にあるということは当たり前のように思うかもしれませんが、実はとても重要であるように思います。

ソシュールが能記と所記として捉えたものが、実は概念として豊かな内容を持っていること、それが脳内にあるということの意味を 7.2 節で考えます。

4.3.3 「ことば」は普遍を表す

個別と普遍

私たちが日常生活で会話をする時、ほとんどの場合は（目の前にある）個々のものを話題にします。米と魚を交換しようとすれば、まず目の前にある個別の この 米と、この 魚を交換します。明日も同じように交換しようとして話をする時に、米と魚 と言いますが、明日の米と魚は今日の米と魚とは同じではありません。つまり米とか魚という「ことば」自体は**普遍**（もの一般）を表すということになります。

居間にいるお父さんが娘さんに「テレビを点けてくれ」と言います。お父さんは、目の前にあるテレビのスイッチを入れてほしかっただけですが、お父さんの言ったことを文字通りに解釈すると、居間だけでなく家中の（世界中の）テレビのスイッチを付けることになります。つまり私たちは個別のものを表現するのに、普遍的なものを意味する「ことば」を使っているわけです。

固有名詞の名付け方

テレビとか、米や魚という普遍を表す「ことば」を使わないためには、すべてのものに固有の記号を付ける必要があります。

人の名前は固有名詞ではあるのですが、元々はなんらかの意味を持っていたように思います。例えば昔は「角の家の長男坊」とか、「隣村の長（おさ）の娘」とか、「清原の少納言の娘」という呼び方が普通だったようです（ネイティブ・アメリカンの社会では、「疾風のように速く走る」とか、「狼と一緒に踊る」という名前だったようです）。

現代の日本人の名前も、松子、竹子、梅子というように単なる記号のように見えても、縁起をかつぐ親の願いがこもっています。兄弟の名前が耕一、建二であれば、長男は畑を耕して食いっぱぐれのないように、次男は家を建てて雨露を凌げるようにという親の願いが推測されます（もちろんもっと高尚な意味があるのかもしれませんが）。

このように固有名詞といっても、何らかの意図で名付けられているので、どうしても同じ名前の重なりが出てきます。ですから本当に個別を表そうとすれば、マイナンバーのように番号や記号を規則に従って割り振らなければなりません。「私の名前は 6501348075002jp です」という具合になってしまいます。自分の名前はともかく、友人の名前などになると、とても覚えきれませんね。

形容詞の表す普遍

「美しい」という形容詞の表す意味は、顔立ちが整っているとか、清楚とか、妖艶というものに共通の普遍的な性質を意味します。個別の人の持つ特定の美しさを意味しようとすれば「美しい」だけでなく、清楚とか限定しなければならないのですが、清楚にしても育ちの良さからくる清楚とか、まだ大人の世界を知らない清純さからくる清楚とか、やはり普遍的な表現には変わりがありません。美しさを詳しく説明しようとすれば（例えを用いるか）様々な形容詞を重ねてそれらの特徴を全て含んでいるというように表現するしかなさそうです。

松島という景色の美しいところがあります。その美しさを表現するのに、美しいというだけでは天橋立や厳島神社の美しさとの違いを表現できません。もちろん形容詞をいくつも重ねてもよいのですが、それでも不十分です。では松島特有の美しさを表現するにはどうすればよいのでしょうか。比類なき松島の美しさを表すには、「松島は松島である」としか言いようがありません。かの松尾芭蕉ですら、

「松島や　ああ松島や　松島や」

と詠むしかなかったのです。

「ことば」は概念になる（平解流）　第４章の復習です

① 人は外界を知覚して表象を持つようになり、それを発声の違いで表現できることに気付きました。（4.1節）

② そして目の前の個別のものを、指で示しながら発声し分けていったのだと思います。そういったことが繰り返され、他方で表象が脳内に固定されるようになると、目の前に無いものも同じ発声で示すことができるようになります。（4.2.1項）

③ 思わず出す発声には、種類に限界があります。表現したい表象の数は増えますから、発声の種類を増やす、つまり音素を増やそうとします。呼吸器や消化器である舌や唇を流用して音素を増やします。表象に付ける標識になります。（4.2.2項）

④ 標識についても、発音しやすいもの、表象を思い起こしやすいものを考えたと思います。日本語では擬音語や擬態語（オノマトペ）から多くの「ことば」ができました。（4.2.3項）

⑤ 始めは表象と標識の単純な対応ですが、自然に対する知識が増え、また集団における関係が複雑になるに従い、「ことば」は様々な形で定義されるようになります。単なる能記と所記の対応を超えて、概念として捉える必要が出てきます。（4.3節）

⑥ 最初は目の前の個別を表していた標識が、目の前に無くても同じ発声で示すということから、「ことば」は、つまり概念は普遍を表します。（4.3.3項）

第４章では「ことば」として語彙（単語）の獲得を見てきました。まとまった意図を伝えるには文が必要です。第５章に進みましょう。

第5章　文による表現

「ことば」が概念になる様子を見てきましたが、まとまった意思を伝えるためには、単に語彙（単語）としての「ことば」だけでは不十分です。人がある程度の意思を表現しようとすると文が必要になります。

5.1　単語から文へ

文は単語としての「ことば（語彙)」を重ねることで作られます。

5.1.1 語彙を重ねて文を作る

(1) 簡単な文

簡単な文の形は　何が　＋　どうした（どうだ）　でしょう。

とりあえず、(一般的に考えて)、文の最初には主語（動作主）もしくは話題がきそうです（詳しくは5.3節に譲って、以下主語としておきます)。その後に、主語の所属や性質、動作を表す「ことば」を続けます。

「おれ、猟師」(名詞文)
「花、うつくしい」(形容詞文)
「あいつ、歩く」(動詞文)

つまり、文では主語のあとに、
① 主語の名前や所属、職業
② 主語の性質
③ 主語の動作

をつないで表します。この述語の部分が、後に名詞や形容詞、動詞と呼ばれる品詞に分化します。

(2) 動作の対象を表す（目的語）

人が行う動作には、自分だけで行う動作と他に働きかける動作があります。歩くという動作は自身の動作ですが（つまり歩くのは自分ですが）食べるという動作はその対象として、食べられる米や魚が必要です。動作の対象がある動詞文では、その対象も表したくなります。動作の対象を表すのは目的語と呼ばれます。

「あいつ、めし、食う」

(3) 修飾して表現を豊かにする

もっと詳しく表現したくなると修飾をします。修飾するということは表現を豊かにし、より具体性を持って表すことですが、逆に言うと対象を限定する（規定する）ことになります。修飾語は、被修飾語の前に付けます。

「あいつ、めし、たくさん、食う」

(4) 場所や時間を表現する

やはり、時間や場所も言いたいですね。

「あいつ、夕方、家、めし、たくさん、食う」

でも「夕方」とか「家」という場所や時間を表すのは名詞です。名詞が多くて関係が分かりにくいですね。そこで、文中での役割（格）を示すための助詞を付けることにします。助詞は名詞の後ろに付けます。助詞の種類を増やして、場所や時間だけでなく主語や目的語にも付けることにします。

「あいつは、夕方に、家で、めしを、たくさん、食う」

時を表す名詞（「夕方」とか「明日」）など、文中での役割を間違えることが少ない場合は助詞を省略できます。

⑸ 断定や時制を表します、続き具合を示すため活用します

文の後ろに助動詞や助詞を付けて、断定や時制を表します。過去であることを表す場合は「食う＋た」になります。

また日本語の動詞（助動詞）や形容詞（形容動詞）には、続き具合を明確にするために、後に続く「ことば」に従って変形する活用という働きがあります。「食う＋た」は「食った」になります。

「あいつは、夕方、家で、めしを、たくさん、食った」

⑹ 日本語の持つあいまいさ

日本語では修飾語は（被修飾語の）前に付けるという原則がありますが、形容詞の後ろに二つ名詞があると、形容詞がどちらを修飾しているか分らない場合があります。

1968 年、川端康成が日本人として初めてのノーベル文学賞を受賞します。この時の受賞講演のタイトルが「美しい日本の私」でした。

美しいのは「日本」でしょうか、「私」でしょうか。この講演のタイトルは、文法的には一意的には意味が決められないという、日本語表現の持つあいまいさを示しています。そしてこういったあいまいさを上手に使うことによる日本語の文学表現の豊かさを示したものだと考えられました。「美しいのがだれか文法ではっきりさせろ」と要求したら、川端康成に対して失礼ですよね。

このように、「ことば」には文法だけでは一意的には意味の決められない場合もあります。

5.1.2 表現の拡張

疑問や否定も表したいですね。表現を拡張します。

(1) 疑問文

許諾疑問文を作るには、文末に「か」を付けます。

疑問詞疑問文を作るには、対応する名詞や副詞を疑問詞に入れ替え、文末に「か」を付けます。

「あいつは、夕方、家で、　めしを、たくさん、食った」
　許諾疑問文
「あいつは、夕方、家で、　めしを、たくさん、食ったか」
　疑問詞疑問文
「誰が、　　夕方、家で、　めしを、たくさん、食ったか」
「あいつは、いつ、家で、　めしを、たくさん、食ったか」
「あいつは、夕方、どこで、めしを、たくさん、食ったか」
「あいつは、夕方、家で、　なにを、たくさん、食ったか」
「あいつは、夕方、家で、　めしを、どれほど、食ったか」

疑問詞疑問文では、疑問詞があるので疑問文であることは自明ですので、「か」は省略できます。

(2) 否定文

否定文では文の最後に否定を表す「ことば」を付けます。

「あいつは、夕方、家で、　めしを、たくさん、食った」
　否定文
「あいつは、夕方、家で、　めしを、たくさん、食わなかった」

否定文の意味を正しく表すには、時間や場所などの、どの部分を否定したかが大切です。5.3 節で詳しく考えます。

5.1.3 扇型構造

ここまでで、一応日本語の基本的な文ができ上がりました。ここで少し日本語の文の構造について考えてみます。橋本進吉の扇型構造に従って、文を扇型と考えます。**事実の説明** と **述部** に分けて考えます。[P75]

(1) 事実の説明

扇の骨の部分は、動作主（主語）や対象（目的語)、場所や時間といった事実を説明しています (本当に話している内容が事実であるか否かはともかく、一応事実と思われることを説明しているという意味で、事実の説明と称します)。

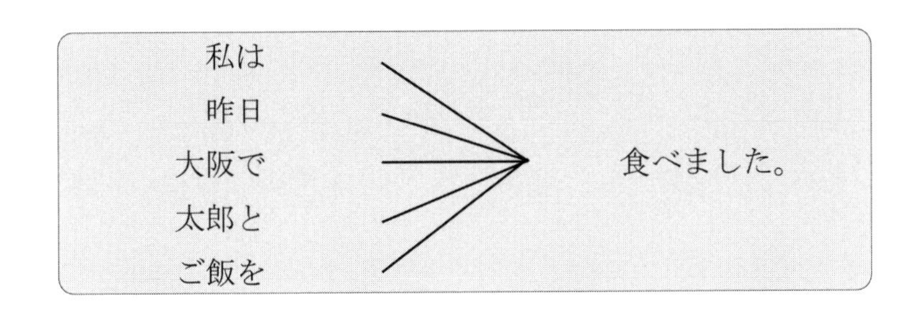

それぞれの扇の骨は文節です。文節の表している文中の役割（格）は助詞で示されますから、文節単位で語順を変えることができますし、特に言う必要のない分節はしばしば省略されます。

複数の文節（枝）で構成される扇の骨もあります。

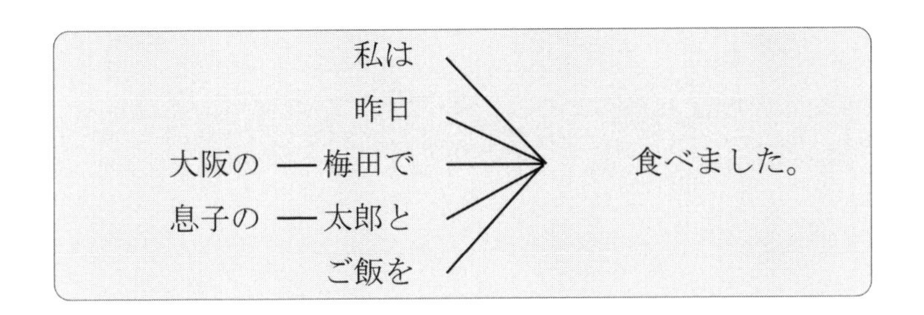

扇の骨の複雑な例を挙げます。形容詞文です（扇型とは呼びにくいですね）。

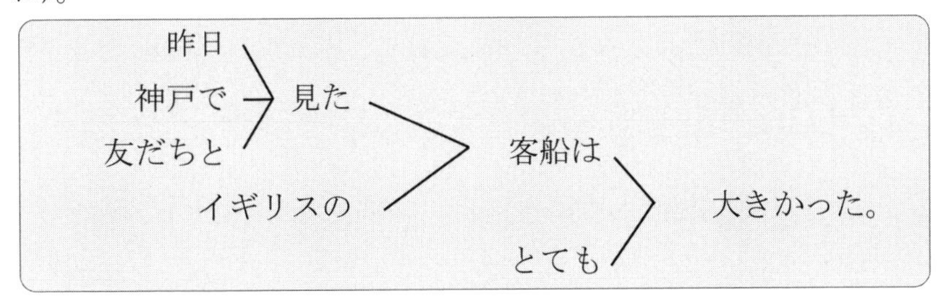

このように、事実の説明部では、修飾語（句）が被修飾語（句）の前に来るという関係を保ちながら、語順については自由度があります。

(2) 述部

日本語で大切な述部

述部では、動詞などの述語に助動詞や助詞が付きます。述語になるのは動詞に限られるわけではなく、名詞や形容詞も述語になります（名詞文と形容詞文）。述語が名詞や形容詞の場合にも、次節（5.2 節）で見るように、その後に助動詞などが付きます。実はこの部分が日本語ではとても大切だと考えられます。

上司が部下に、お客が見積書を持参したか確認します。部下は簡潔に「持参されました」と答えます。主語も目的語も省略しますが、述語と述語の後ろの尊敬などを表す助動詞は省略しません。日本語では、相手との立場や意図を表す表現が大切で、それが述語の後ろにあります。

述部の語順

大野晋は『語学と文学の間』の中の「日本人の思考と述語様式」で、古文の助動詞では語順が決まっており、語順（述語様式）によって古代の日本人の思考様式が推測できると説明しています。[14/P133]

現代文でもこの様式が引き継がれており、述語の後ろの助動詞（や助詞）は次の順番になっています。[14/P151]

① 自然・人為（受身・可能・自発・尊敬・使役）
② 尊敬
③ 完了・否定・存続
④ 記憶・推量
⑤ 相手への働きかけ

「待た　され　た」　という文では
「待つ」という動詞に、①受身　③完了
の助動詞が付きます。

「食べ　られ　た　らしい　ね」　という文では
「食べる」という動詞に、①受身　③完了　④推量　⑤働きかけ
の助動詞・助詞が付きます。

（注：大野晋は古文から現代文に移る際の変遷を含めて厳密に述べています。ここでは説明を簡単にしています。）

つまり日本語の語順では、事実の説明部分の語順は入れ替わってもよいのですが、述語の後ろの助動詞や助詞の語順については厳密に決まっているのです。

受身と尊敬の助動詞

一般に現代文法では「れる」「られる」は受身・可能・自発・尊敬、「せる」「させる」は、使役の助動詞として説明されています。
大野晋はこれらの助動詞を、自然と人為 として扱っています。
「れる」「られる」は **自然** に成立 しているということから、①自分が決定に関与していないという意味での受身、②自然にできるという意味での可能、③自然に対する尊敬 という意味を持つようになりました。また「せる」「させる」は **人為** （人に為させる）ということから、① 人への使役であり、更には ② （他の助動詞と相まって）使役をさせる立場の人への尊敬 を表すこともあります。日本語においては、これらの助動詞は、話し手がその立場を意識した表現として使われており、こういった述語様式が日本人の思考を表しています。[10/P144, 151]

(3) 日本語の文の構造と文節文法

日本語の文の構造

このように日本語の構造というのは、まず事実の説明があり、その後ろに文の中心となる述語があり、その述語に話し手の立場や意図を現す助動詞等を含めて述部になっています。

① 主題、主語、目的語、時間、場所を述べて（扇の骨）
② その後ろに文の中心となる述部があります（扇の要）
述部では、述語に続いて話し手の立場や意図が述べられています。すなわち述語（扇の要）に、思考様式を示す部分（扇の紐）がつながっているという構造になっています。

思考様式を示す部分が大切だと言いながら、それを扇の紐に例えるのは、迫力が無いと言うか説得力が無いですね。別の例えをしましょう。

『古事記』には八俣の大蛇（やまたのおろち）の話が出てきます。八俣の大蛇は八つの頭を持っていますが、① それぞれの頭を扇の骨と考えて、② 胴体から下を述部と考えれば、日本語の文の構造になります。
須佐之男命（すさのおのみこと）は大蛇を退治してその尾から草薙剣（くさなぎのつるぎ）を取り出します。この草薙剣を隠し持っていた尾が、日本語では話し手の立場や意図を告げる、つまり思考様式を示す大切な部分ということになります。

事実の説明と文節文法

3.2 節で、橋本進吉の文節文法では「ね」を付けて分節を区切るが、その理由は説明されていないと述べました。しかし、扇型構造で考えると、扇の骨で表される一つ一つの事実に対して文節があるということになります。事実を述べる単位 が文節であるということです。「ね」という助詞は同意を求める、もしくは注意を引くという働きがあります。文節ごとに事実が表現されるのであれば、その事実に対して「ね」を付けて、それぞれの事実を確認すると考えれば、文節は「ね」を付ける単位によって示されるのも当然だと考えられるのではないでしょうか。

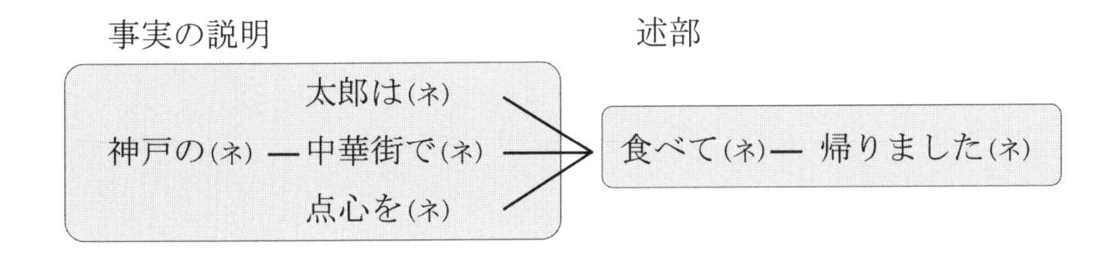

私たちは英語の文法から類推して、主語だとか目的語を中心に考えがちですが、日本語ではそれらは事実の説明の一つでしかありません。そう考えると日本語では主語や目的語がしばしば省略されたり、語順が入れ替わるのも不自然なことではないと考えられます。

5.2　言語による文の構造の違い

5.1節で 単語から文への日本語の文の形成過程を推定したのですが、理解を深めるために他の言語と比較してみます。文の構造を決める仕組みはどのように形成されるのでしょうか。

5.2.1 言語による文の基本的な特徴

各言語の基本的な特徴と思われる項目について比較してみます。

	日本語	英語	中国語
① 主語	不要	必須	必要
動詞	動詞文に必要	必須	動詞・名詞文
② 目的語	動詞の前	動詞の後	動詞の後
③ 助詞	後置詞（助詞）	前置詞	前置詞（介詞）
④ 許諾疑問文	文末に「か」	主語と動詞入替	文末に「吗」
疑問詞疑問文	疑問詞に入替	疑問詞を文頭に	疑問詞に入替

日本語では、

① 主語は不要です。動詞文にのみ動詞が必要です。

② 目的語は事実の説明の一つ（扇の骨）として動詞の前に来ます。

③ 助詞は名詞などの後ろに来ます（後置詞）。

④ 許諾疑問文は、文末に「か」を付けるだけで作れますし、疑問詞疑問文も、対応する部分を疑問詞に入れ替えて簡単に作れます。

英語では

① 主語は必須、名詞文でも形容詞文でも動詞（be 動詞）が必須です。

② 目的語は動詞の後に来ます。

③ 前置詞は名詞などの前に来ます。

④ 許諾疑問文は、主語と動詞（助動詞）の語順を逆にします。疑問詞疑問文では、疑問詞が文頭に来ます。（日本語に比べて難しそうですね。）

中国語では

① 名詞文にも動詞（是）が必要です。「我是日本人（私は日本人です）」のようになります。形容詞文では動詞は不要です。「你好（ニイハオ）」では、「你（あなたは）」が主語で、「好（元気）」が形容詞です。「吗」を付けて、「你好吗」にすると「お元気ですか」と尋ねる疑問文ですが、普段の挨拶では「你好」になります。

② 英語と同じように目的語は動詞の後に来ます。

③ 場所や時間を表す介詞（前置詞）は名詞の前に来ます。

④ 許諾疑問文では文末に「吗」を付けて、「你是日本人吗（あなたは日本人ですか）」のようになります。動詞とその否定形を重ねる方法（反復疑問文）もあります。「你是不是日本人」となります。
疑問詞疑問文では、対応する場所に疑問詞を置きます。「你是谁（あなたは誰ですか）」になります。

後ろから修飾する形容詞

日本語、英語、中国語ともに形容詞は名詞の前に来ますが、世界にはマレーシア語のように形容詞が名詞の後に来る言語もあります。

マレーシア語の「オラン」は人を意味します。日本は「ジュプン」、森は「ウータン」です。

・「オラン・ジュプン」は日本の人、つまり日本人を意味します。
・「オラン・ウータン」は森の人、つまりオラン・ウータンです。

助詞はなぜ後ろに来るのか

このように日本語の助詞は名詞の後ろに来ますから後置詞になります。英語も中国語も前置詞です。

私は　東京 で　働きます。
我　　在 东京　做工作。
I　　work　at　Tokyo.

なぜ日本語の助詞は後置詞なのか

実は日本民族が農耕民族であったことと関連しています。

狩猟民族は獲物を探していつも移動していますから、場所を尋ねるのには「どこから」「どこへ」と（移動元と移動先の両方）聞く必要があります。前置詞にしておけば、急いでいる時には“ from where ? ”とか、“ to where ? ”の後ろを省略して“ from ? ”とか、“ to ? ”とだけ聞けばよいわけです。

ところが農耕民族は定住して生活していますから、場所を尋ねるには助詞「で」を付けて「どこで？」と聞くのですが、助詞を後置詞にしておけば、急いでいる時には後ろの助詞を付けずに「どこ？」とさえ聞けばよいわけです。

どうですか、これで日本語は後置詞（助詞が後ろに付く）なのに、英語は前置詞である理由を納得していただけたでしょうか。

えっ、こじ付けじゃないかって…　。

やっぱりそう思いますか。そうですよね。考えた私自身もこじ付けの感がぬぐえません。でもひょっとすると、こじ付けに近い理由で（最初は）決められたのかもしれませんよ。[P133]

5.2.2 基本的な特徴から派生する違い

基本的な特徴が違えば、そこからそれ以外の違いも派生します。

(1) 過去形と否定形の作り方

英語では動詞文だけでなく、名詞文や形容詞文でも動詞（多くの場合は be 動詞）があります。ですから過去形を作るには動詞を過去形にすればよいことになります。否定形を作るには副詞の "not" を動詞の前に付けて動詞を否定します。では動詞の無い日本語の名詞文や形容詞文ではどうするのでしょうか。

過去形

名詞文や形容詞文を過去形にするには動詞の働きを借ります。

動詞文：	彼女はテレビを見る	彼女はテレビを見た
名詞文：	彼女は学生だ	彼女は学生だった
形容詞文：	彼女は美しい	彼女は美しかった

「学生だった」は「学生 で あり た」から
「美しかった」は「美しく あり た」から　（音便変化して、）
というように、一度 あり という動詞を挟んで、その後に過去の助動詞 た を付けます。
（注：現代文の文法では、「美しい」という形容詞のカリ活用の連用形「美しかり」に過去の「た」を付けると説明しています。しかし「カリ活用」は、元々は「美しく」+「あり」だと考えられています。）

過去の否定

外国人に対する日本語教育では、丁寧語の「です・ます体」から教えます。その場合の過去の否定は次のようになります。

動詞文：　彼女はテレビを見ませんでした。
名詞文：　彼女は学生ではありませんでした。
形容詞文：　彼女は美しくありませんでした。

「学生 ではありませんでした」の後ろを意味と品詞に分解し、活用させると次のようになります。やはり動詞「あり」の働きを借りていますし丁寧語が２回も出てきます。とても苦労していますね。

原形：	だ	は	ある	ます	ぬ	です	た
意味：	断定	取立て	存在	丁寧	否定	丁寧	過去
品詞：	助動詞	係助詞	動詞	助動詞	助動詞	助動詞	助動詞
活用後：	で	は	あり	ませ	ん	でし	た

(2) 他動詞と自動詞

英語では 主語と目的語は語順で区別され、他動詞か自動詞かは目的語の有無で区別できます。日本語では主語と目的語があいまいですし、よく省略されますから、他動詞と自動詞を区別する必要があります。

① 他動詞：「財布 落とした よ。」 "You dropped your wallet."
② 自動詞：「財布 落ちた よ。」 "Your wallet dropped."

このように日本語では、他動詞と自動詞は別の動詞になります。

他動詞	自動詞	英語
落とす	落ちる	drop
混ぜる	混じる	mix
離す	離れる	leave
始める	始まる	start
動かす	動く	move

日本語の現代文法では別の動詞として扱っていますが、元々同じ動詞から派生しています。『日本語の秘密』を参照して下さい。[30/P134]

(3) 疑問文

日本語や中国語では文末に「か」や「吗」を付けて簡単に許諾疑問文が作れます。また該当する部分を疑問詞にすれば、それだけで疑問詞疑問文になります。

英語では必ず主語と動詞があります。疑問文を作るには、主語の前に動詞（助動詞）を持ってくるという方法で（語順を変えて）疑問文にします。

私は	東京で	働きます。	
あなたは	東京で	働きます	か。
あなたは	どこで	働きます	か。

		I	work	at Tokyo
	Do	you	work	at Tokyo?
Where	do	you	work?	

英語の疑問文の作り方

英語の疑問文の作り方は、日本語や中国語に比べて複雑に見えます。なぜこのように面倒な方法で疑問文を作るのでしょうか。文の最初に疑問文であることや、何を疑問に思っているかを示したいのでしょう。

それにしても、もっと簡単にならないでしょうか。例えば次のように考えてみては如何でしょう。

許諾疑問文

日本語：文末に「か」 を付ける。

英語：　文頭に助動詞 を付ける（文中に助動詞があれば削除する）。

疑問詞疑問文　（上記の許諾疑問文の作り方に加えて）

日本語：文中の該当句を疑問詞に置き換える。

英語：　文中の該当句を疑問詞に置き換え、文頭に置く。

このように考えると、① 「か」の代わりに助動詞を使い、② 疑問を表す助動詞や疑問詞を文頭に置く という以外は日本語と同じように考えられます。英語は動詞や助動詞が時制などで活用するので難しく見えるだけです。

私は　京都で　桜を　見ることができました。
あなたは　京都で　桜を　見ることができました　か。
あなたは　どこで　桜を　見ることができました　か。

I could see cherry blossoms at Kyoto.
Could you _____ see cherry blossoms at Kyoto?
Where could you _____ see cherry blossoms _____?

5.2.3 「ことば」の決まり

このように、英語では (1) 必ず動詞があるので過去文や否定文を作りやすくなります。(2) また主語と目的語を語順で区別すると、他動詞と自動詞を区別しないで済みます。しかし (3) 語順を変えることによって疑問文を作るので、作り方が複雑になるように見えます。

> (3) の疑問文については、前の頁で述べたように、語順を変えるというより、疑問文であることを最初に示すという仕組みであると考える方が合理的なようです。
>
> 英語は 主語や動詞、否定か肯定か、もしくは疑問文であること と言うような文の枠組みをあらかじめ示す（という特徴を持つ）言語だと考えれば説明しやすいように思います。

つまり、「ことば」は、ある一つの決まり（基本的な特徴）を作るとそれに基づいて（反しないように）他の決まりも決めるということになります。つまり表現する内容を豊かにするには、表現を一意的に伝えられるように 論理的な整合性を保ちながら決まりを増やしていきますから、最初の小さな決まりの違いから、それ以外の多くの決まりの違いが派生します。そして世界中のたくさんの異なった「ことば」の決まりが発生してしまいます。それを私たちは文法として、後付けで 説明しようとしているわけです。

（注：本節では動詞の有無や目的語の語順などを 基本的な特徴 と仮定して、そこから疑問文の作り方や自動詞と他動詞の区別の有無を説明してきました。しかし本当は、何を 基本的な特徴 とするかというのは、様々な考え方ができるのでしょうね。）

5.3 「ことば」の持つストラテジー

このように、文法が「ことば」の決まりや仕組みを後付けで説明しようとしていると考えれば、言語間に文法の違いがあることは当然です。また「ことば」によって表現できる限界も当然出てきますから、そういった文法の不足を日常の会話では補っています。表現と理解を助けている会話におけるストラテジーについて考えます。

5.3.1 「は」は主語にだけ付くのではない

少し回り道ですが、山田孝雄が苦労した「は」について取り上げます。
3.1 節で、山田孝雄が 主語には「は」を付ける と教えて、生徒の挙げた反例に答えられなかったという話をしました。
私たちは普通、主語（主格）に「は」を付けると考えます。

「私 は 先生です。」
「富士山 は 高いです。」
「鳥 は 飛びます」

しかし実は「は」は主格を表す格助詞ではなく、ある話題を取り立てて述べる（もしくは話題を示す）係助詞です（私は英語話者に日本語を教える場合、「は」の意味は “as for” だと説明することがあります）。
例えば次の例文では「は」は目的語に付いています。

「昨日　本を　買いました。」　I bought a book yesterday.
「本は　どこで　買いましたか。」　Where did you buy the book?
「本は　神田で　買いました。」
(As for the book,) I bought at Kanda.

「は」は取り立てて述べるために用いられますから、主語や目的語だけではなく場所や時間を表す名詞（句）にも付くことがあります。

「私は　昨日　秋葉原で　スマホを　買いました。」

「あなたは　昨日は　秋葉原で　何を　買いましたか」
「私は　昨日は　秋葉原で　スマホを　買いました。」

「あなたは　昨日　秋葉原では　何を　買いましたか。」
「私は　昨日　秋葉原では　スマホを　買いました。」

「は」は取り立てて述べることから、否定文で 何を 否定するかを示す場合にも使われます。

「私は　昨日　秋葉原で　スマホを　買いませんでした。」

「私は　昨日は　秋葉原で　スマホを　買いませんでした。」
（明日買います。）
「私は　昨日　秋葉原では　スマホを　買いませんでした。」
（大須で買いました。）
「私は　昨日　秋葉原で　スマホは　買いませんでした。」
（パソコンを買いました。）

ではなぜ、主語に「は」を付ける と考えられているのでしょうか。それは取り立てて述べる話題が、多くの場合主題を表すからです。

「私は先生です」という文では、「私」は主語でもありますが、

「今から私について紹介します。私について言うと、職業は先生です」という気持ちが込められているとも解釈できます。

5.3.2 「は」と「が」の使い分け

ところで、よく出てくる問題に、「は」と「が」の使い分けの問題があります。

(1) 既知と未知

大野晋は「が」は**未知**の場合、「は」は**既知**の場合に使うと言っています。この場合の未知、既知というのは、

「話している話題について 既に知識がある 」

という意味ではなくて、

「会話の場で 既に話題となっている 」

という意味です。[8/P21]

以下の会話の例で、「は」と「が」を入れ替えてみてください。やっぱり何か変ですよね。「は」と「が」は使い分けられているのです。

① 雨が降ってきた
② この雨はすぐ止むだろう

① の文では、それまでの話が切り替わって（今まで未知であった）雨の話になります。

② の文では、① の文を受けて、既に話題になっている（既知になっている）雨について述べています。

③ 誰が犯人だ。
④ 何が問題ですか。

③ ④ のように疑問詞が主語の場合は、未知の主語に対して「が」が使われます。

> 松子さん、竹子さん、梅子さんが話をしています。三人に共通の友達の花子さんが通りかかりました。
>
> 松子：あれ、花子さんが来ましたよ。
> 竹子：花子さんはいつもきれいですね。　　（花子さんは主語）
> 梅子：花子さんは皆が見ていますよ。　　（花子さんは目的語）
>
> この場合三人の話の主題は花子さんです。もちろん、皆花子さんとは知り合いです。松子さんはそれまでの話を一旦打ち切って、新しい話題として（＝未知だった）花子さんのことを話したのです。
> 竹子さんと梅子さんはそれを受けて既に話題となった（＝既知となった）花子さんについて話しています。花子さんは、竹子さんの文では主語ですが、梅子さんの文では目的語です。どちらの場合も係助詞の「は」が使われています

このように、新たな話題については「が」、既に話題になっているものには「は」が使われていると考えてよさそうです。

(2)「は」と「が」が同時に使われている場合

象は鼻が長い

問題は「は」と「が」が両方使われている場合です。『象は鼻が長い』という本をご存知でしょうか。言語学から生物学に、急にこの本のテーマが変わったわけではありません。1960 年に三上章という（東大建築

科卒の）言語学者が、日本語の主語について書いた本のタイトルです。
この文は、大主語と小主語として説明される場合もあります。

<table>
<tr><td>象は</td><td>鼻が</td><td>長い</td></tr>
<tr><td></td><td>小主語</td><td>述部</td></tr>
<tr><td>大主語</td><td colspan="2">述部</td></tr>
</table>

しかし、「は」は係助詞であって、主語を表す格助詞ではないわけですから、あくまでも話題の提供と考えればよいのではないでしょうか。

① 象は　鼻が　長い。
象について言うと、　鼻が　長い
(As for elephants,　noses are long.)

② 鼻は　象が　長い。
鼻について考えると、　象が　長い
(As for noses,　elephants are long.)

このように「は」と「が」が同時に使われている文では、一応「が」が主格を表す（と言う意味での主語）と考えて、「は」は話題の提供と考えてよさそうです。
（つまり、主題が　主語になる場合　と、主語とは別に話題の提供をする場合　があると考えることにします。）

本書ではこれ以上触れませんが、実はこの問題は結構難解なようです。

(3) 「が」は連体格助詞

ところで「は」が係助詞であると説明しました。では「が」は格助詞として主格を表すのでしょうか。

「が」は格助詞ではありますが、主格ではなく連体格を表します。元々は下に体言が付いてその体言を修飾しました。「我が国」や「おら（俺）が村」というのが本来の使い方です。それが、「おらが生まれた村」のように、下の体言との間に「生まれた」という動詞を挟み込んで使うようになり、最後には下の体言を無くして「おらが生まれた」というように後ろに動詞が続くようになりました。

ということは、日本語には主格を表す（だけの）格助詞は無かったということにもなりそうです。「花咲き、鳥鳴く」というのが、古代からの我らが日本国における文の作り方であり、主題を取り立てて言う場合には「花は桜木、人は武士」になります。

英語の文中には、基本的に動詞と共に、その動詞の主体を表す主語が必ずあります（英語の 5 文型を思い出してください）。英語に即して文法を考えて、できるだけ文中に主語を求めたために、主体だけでなく主題なども主語に当てはめたのではないでしょうか。そのために主題と主体を同時に含む文において、どちらが主語か悩むことになったように思います。

（注：この「おらが生まれた村」のように、「が」はすぐ後ろの動詞に続きます。一方「は」は話題の提供で後ろの文全体に続きますから、山田孝雄の統覚作用の 文末での言い切り という説明と整合します。[P70] ）

5.3.3 話題の提供

「は」が、話題の提供（主題）として用いられることを見てきましたので、「ことば」の持つ**ストラテジー（戦略）**の例として、話題の提供を考えます。

会話におけるストラテジー

一般に人は会話をする時、急に新しいことを言われると面喰って理解に時間がかかります。ですから話し手としては、話を急に展開せずに、既に話題になっていることから話を振る方が理解してもらいやすいのです。つまり会話のストラテジーとしては、既知のことから話し始めるということになります。そして日本語の場合、既知のことを話題にして話す時に「は」が使われます。

そしてこういったストラテジーが、人間の自然な会話の方法であるならば、同じようなことが外国語においても見られるはずですね。

英語におけるストラテジー

話題の提供というストラテジーを英語において考えてみます。英語にも同じように考えてよさそうな表現があります。

> "There is a girl in the room. The girl is very pretty."

"a girl" はここで初めて出てきますからいわゆる未知の情報です。ですから "a girl" の前に "There is" を付けて話の急な展開を和らげています。一度 "a girl" が話題になると、次の文では "the girl" は既知ですから文頭に置けます。

日本語に訳すと、

「部屋の中に女の子がいます。その子はたいへんかわいいです。」

となります。日本語では助詞の「が」で示している未知を、英語では不定冠詞の “a” で表しています。「は」で示している既知を、定冠詞の ”the” で表しています。

また英語には形式主語という使い方があります。

天気の話や曜日をいう時、急に「天気だ」とか「日曜日」と言うと面喰います。それで文の始めに形式主語 ”it” を使います。

It is fine (today).	（今日は）	天気です。
It is Sunday (today).	（今日は）	日曜日です。
It is four o’clock (now).	（今は）	4時です。

中国語におけるストラテジー

中国語には存在を表す表現が二通りあります。

①	精华大学	在	北京。	（精華大学は　北京にあります。）
②	北京	有	精华大学。	（北京には　精華大学があります。）

精華大学が話題（既知）になっている時には ① の表現を使います。北京の紹介が話題（既知）になっている時には ② の表現を使います。まず既知の情報を言ってから、未知の情報を付け加えています。

普通の日本語の文法の語順では、主語が最初に来るように考えられています。しかし日本語の扇型構造の事実の説明部では語順は自由です。そのため日常の会話では、話題になっているのが目的語（句）であればそれを最初に持ってくる話し方がよく使われます。その場合に、目的語に付く助詞は、話題の提供としての「は」が用いられます。

中国語でも、まず話題となる目的語（句）を先に表現することが多く見受けられます。

① 主語が先に来る。
私は　既に　あなたの言っている話を　彼女に　知らせています。

② 目的語（句）が先に来る。
あなたの言っている話は　私が　既に　彼女に　知らせています。

③ 中国語でも目的語を先に言う話し方がよく使われているようです。
你说的话 我 已经 告诉 她。

会話におけるストラテジーとして、話題の提供の仕方を考えてきました。会話における理解を早くするための方策というのは、各言語に共通にあると考えてよいのではないでしょうか。

このようなストラテジーの例は他にもあると思います。例えば人に質問する場合、文末は返事を前提にして（つまりその話題が続くことを期待して）尻上がりになります。こういったことも各言語に共通するように思います。

5.1節では、日本語が語彙から文になる過程を推測しました。私たちが普段使っている日本語の文の作り方の簡単な復習です。

私たちは日本語の文法を系統的に習ったことが無い（習う必要も感じ無い）ために、結構英語の構文などでもって文を考えることが多いように思います。ここでは橋本進吉の扇型構造で、日本語の構造を捉えてみました。日本語では述部が重要と考えられています。日本語らしく八岐大蛇に例えてみました。

5.2節では、文の作り方を理解するために、各言語の作り方を比較しました。日本語では（英語に比べて）疑問文を作るのは比較的簡単ですが、否定文を作るのは難しいようです。各言語は、最初の基本的な違いから派生して、話し手の表現と聞き手の理解が一致できるように、それぞれの言語毎に論理的整合性を保ちながら「ことば」の決まりの構造を作ってきました。

しかし「ことば」はあくまでも人の営みですから、各言語間にも共通する考え方があるはずです。5.3節では「は」と「が」の使い分けから始めて、会話のストラテジーについて考えました。すなわち話をする時に、まず皆が知っていること（既知）で注意を惹き、それに新しい情報（未知）を付け加える、というのは自然な方法です。それが日本語に限らず、英語にも中国語にもあるように思います。

普通私たちは出来上がったもの（既にあるもの）として「ことば」を考えます。第5章では 文 が（文の決まりとしての文法が）どのように作られてきたかという視点で考えてみました。

第6章　「ことば」による思考

私たちは「ことば」の働きは伝達（表現と理解）だと考えました。また「ことば」の獲得過程が認識過程であることも見てきました。

しかし、今まで考えてきた中で、前提でありながら見過ごされてきた「ことば」の働きがあります。それは思考という働きです。ひょっとすると思考するということが、私たちの文明を築いてきたうえで一番大切な「ことば」の働きだったのかもしれません。

6.1　思考するということ

新約聖書の『ヨハネによる福音書』には「初めに言（ことば）があった。言は神と共にあった」と書かれています。それまでは「ロゴス」と訳されていたのを、宗教改革を始めたルターが「言」と訳したそうです。「ロゴス」は、論理や真理 という意味で、また 論理的に語られたものという意味でも使われるようです。それをルターが「ことば」と訳したのは、「ことば」が人類にとって大切な論理的思考を支えていることを示しているように思います。

6.1.1 直感的思考と論理的思考

思考とは、判断や推理、概念など、脳内で行われる働きです。そして思考には、論理的な思考とともにイメージによる直感的な思考もあります。日常生活では混在して使われています。

①「温かいうどんが食いたいな」
②「今日は上司に会うのが嫌だな」
③「帰宅が遅くて、嫁さん怒っているかな」

と漠然と思う時があります。どのような時でしょうか。このように感じる時には同時にあるイメージが湧いています。

①' *湯気を立てているうどんを思い浮かべる*
②' *上司のいつも口にする嫌味を思い出す*
③' *嫁さんの不機嫌な時の顔が頭の中に出てくる*

このようなイメージが直感的な思考で、それが形を表してくると先程のような思考に進みます。更に思考が進むと、

①"「もう8時だけどいつものうどん屋はまだ開いているかな」
②"「取引先との打ち合わせが長引いたことにして今日は直帰にしよう」
③"「嫁さんに聞かれたら、後輩にせがまれて仕方なく飲み屋に寄ったと言い訳しよう」

というように考えます。日常の生活では、このように直感的な思考と論理的な思考が混じっていて、考えが複雑になるにしたがって論理的な思考が増えてきます。そして論理的な思考には「ことば」が使われます。

6.1.2 論理的思考には息吹を必要としない

論理的な思考では「ことば」を使っています。思わず口に出してしまうと、「ことば」つまり独り言になります。思考は脳内活動ですから息吹を使っていませんが、「ことば」を使っていることから、離散や時系列といった「ことば」の持つ特徴があてはまります。

直感的な思考では必ずしも時系列的である必要はなく、瞬時に回答を得るとか、芸術的なイメージが湧くということもあるわけです。しかし、論理的な思考においてはどうしても時系列的になります。

うどんが食いたいな
-> いつものうどん屋に行こうかな
-> もう遅いけど開いているかな
-> お金はあるかな
-> 昨日銀行でおろしたから大丈夫

という具合に順次考えていきます。

また論理的な思考では、「ことば」を使うことから、離散という性質も当然持ちます。

6.1.3 論理的思考と直感的思考の混在

もちろん、日常の思考では論理的思考だけではなく、直感的思考も用いられます。人の思考が全て時系列、離散というわけではありません。論理と直感、離散と連続（デジタルとアナログ）、時系列と同時性、人の脳は極めて高等で複雑な形で思考しているようです。

それでも、文明や文化を築いてきた人類の営みにおける思考活動においては、「ことば」を使った論理的な思考が大切な働きをしてきたと言えるのではないでしょうか。

6.2　認識と伝達における思考

今まで考えてきた「ことば」の働き、つまり認識と伝達において、実は思考が使われていたことを確かめてみます。

6.2.1 認識における思考の働き

感性は、(1) 感覚を通じて「もの」を知覚し、(2)「もの」の持つ表象から概念を判断し、(3) 更に概念を修正し深めます。

それぞれの過程において思考が働きます。

(1) 感覚して「もの」を知覚する

外界からの刺激には様々な媒介性を含みます。例えば外界からの光は眼球を通りますが、眼球のレンズの歪み、網膜での上下反転などを当然起こしています。それを人類は長い経験から無意識に補正しています。

しかし、光の差し具合による視覚刺激の違いなどは意識して補正しようとするでしょう。半分影になってよく見えないけど、どうもリンゴのようだと思考します。

また「もの」を塊として切り出す時に、別のものが重なっていたら違う角度から見て「もの」の境界を捜そうとします。「あれっ」と思って見直す時に私たちは思考しています。水の入ったコップの中に差し込まれたストローは曲がって見えます。私たちは経験から、または学校で習った屈折の原理から推定して、きっとストローは真っすぐなのだろうと考えます。このように、感覚から「もの」を知覚する場合にも思考が働いています。

(2) 知覚した「もの」の表象を概念と比較する

知覚された「もの」の表象は、必ずしも脳内にある表象と一致しません。脳内の表象は概念としての表象ですから、普遍としての表象です。ですから状況に合わせて概念の規定の内包に合っているかを見極めて、外延に含まれていることを判断します。同じ犬といってもどこか違いますから、大型犬でも同じように犬であると判断します。また毛の模様などから、汚れていても昨日見たのと同じ犬であると判断します。

(3) 概念は常に修正される

世の中のリンゴも改良されて新しい品種ができます。また同じようにリンゴに見えても、実は新しく輸入された果物かもしれません。私たちの持つ概念は常に修正されます。その時にも思考が働きます。

6.2.2 獲得過程における思考

第4章で「ことば」の獲得過程（形成過程）を、認識過程として捉えてきました。ところがここにきて、認識は思考の働きだとして、思考には「ことば」が使われると考えます。

確かに矛盾ではありますが、人の思考には直感的なものと論理的なものがあることを考えれば説明がつくと思います。つまり私たち現代人の日常での認識過程では論理的な思考が大きな働きをしているのですが、まだ「ことば」を獲得していなかった時点での認識には直感的な思考が多く働いていたのではないでしょうか。

これは、例えば「ことば」を持たない動物や幼児でも、周りのものを知覚し、色や形の形象を持ち、美味しいとか危険とかいった性質を理解していることからも納得できるように思います。つまり動物たちは「ことば」を使った論理的な思考はできませんが、直感を使って周りのものを認識しています。同じように、「ことば」を持つ以前の人類も、直感に頼って認識を行っていたことでしょう。そして「ことば」を持つに従い、論理的な思考が増えたのだと考えられます。

4.1節でリンゴの表象を得る過程を考えました。この過程を、直感的思考を使って認識したと想像してみます。

直感的思考を表現するのは難しいのですが、こんな感じでしょうか？

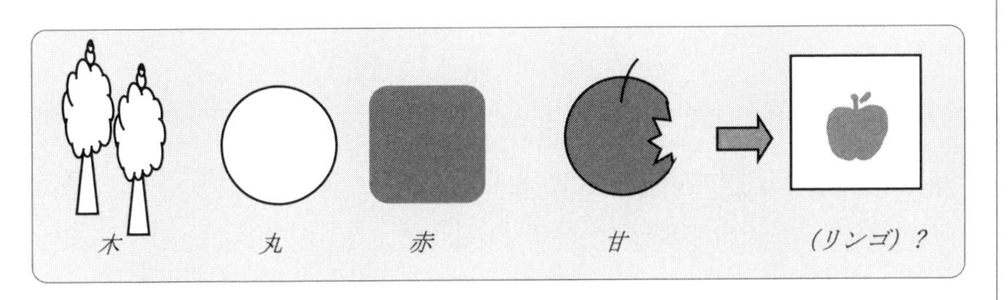

このような直感的思考から、次のような「ことば」による認識に進んでいったのだろうと思います。

木に実る　丸い　赤い　齧ると甘い ➡ (リンゴ)？

(ずいぶんいい加減ですね。これは筆者のせいではなく、「ことば」を持たなかったご先祖様の思考内容がいい加減なのです。念のため。)

このように、「ことば」の獲得過程においては直感的思考が主であり、「ことば」を獲得するに従って論理的思考が増えるようになります。

6.2.3 伝達における思考

認識と同じように、伝達においても思考が働いています。伝達においては表現（話し手）と理解（聞き手）双方で思考が働きます。

話す内容をわかってもらえるように、また相手との立場を図りながら発話します。多くの場合はそれ程意識せずに敬語を含めた文法を使っています。

① 受付嬢からの電話

「お客様が　先程　担当営業と　第２応接室に　入られました。」

話し手は、まず話の内容がお客様に関することなのでちゃんと聞いてくれと聞き手の注意を呼んでいます。

その次に事態が先程であること、現在進行形であることで時間的な緊急性についてコメントしています。

そして営業担当が付いているので、しばらくは営業が対応してもらえること、聞き手が知っているか不明なので会議室の番号を添えています。

話し手はお客様の大切さを考えて「お客様」、「入られました」という敬語を使っています。

つまり話し手は（有能な受付嬢は）これだけのことを考えて文を構成しています。

② レストランの厨房

A:　おい、できたか。

B:　まだだ。

A:　はやくしろ。お客が待ってる。

B:　すまん、あと３分。

① の場合程公式な会話ではありません。最小の「ことば」で会話しています。ほとんど思考の余地は無いようですが、それでも急ぐ理由（お客が待っている）とか、待たせる時間の見通し（あと３分）を述べている、またその前に一応詫びの「ことば」を入れるなど、それなりの配慮がなされた表現をしています。そして話を受け取る側は、こういった配慮を含めて理解しているわけです。

このように、日常会話（における伝達）で、「ことば」による思考が働いています。

ひょっとすると思考とは、自分自身に対する会話、伝達と考えてもいいのかもしれません。しかし思考は、深められるに従い独自の世界を作るようになります。

6.3　「ことば」の作る世界

「ことば」が思考を支えていることの意味をもう少し考えてみます。

6.3.1 人は道具でもって自然に働きかけた

自然への働きかけ

道具というと、普通は鍬や金槌、現代人であればキーボードやマウスを思い浮かべると思います。

自然に対して受け身であった人間が、逆に自然に対して働きかけるようになります。その時人類は手を使うことを覚えました。更に自身の手だけでなく、道具を使うことを覚えました。道具とは

① 自然の性質を理解したうえでその性質を利用して

② 自然に働きかけるために

③ 少ない労力で、またそれ(道具)なしでは不可能であったものを可能にした手段です。

最初は石のかけらで土を掘る、木を削る、棒を使って木の上の果物を叩き落すといった原始的なものから、ついにはコンピュータからロボットにまでたどり着いたわけです。

「ことば」は認識、伝達、思考の道具

初期の道具は自然に働きかけるものですが、「ことば」は集団や社会、個人、時には自分自身に働きかけます。

類としての人類が「ことば」という道具を使い、自然を認識し、伝達によって共同作業を行い、思考を発展させて文化と文明を築きました。

「ことば」が人間を作った

道具を人が考えたように、「ことば」も人間が作りました。元々人間には発声器官はなかったわけですから、「ことば」は人が自らの器官を使って（流用して）考え出した道具ということができます。そして「ことば」を使って思考するようになり、自然から分離した自己意識を持ち、「考える葦」になりました。「ことば」が人間を作ったとも言えます。

もし最初に人を作ったのが神であったとすれば、その設計図には「ことば」はなかったのかもしれません。人は声帯という最低限の発音器官をたよりに、呼吸器官や消化器官を流用して「ことば」を作り、文化や文明を築きました。

聖書では神はその似姿に合わせて人間を作ったとされています。しかし神様は、人がリンゴを食べて知恵を付けることを喜ばなかったようです。ギリシャ神話では、火を盗んだプロメテウスは鎖につながれ、羽を付けて空を飛んだイカロスは羽の蝋が太陽の熱で溶けて墜落します。聖書では、高い塔を作って天に近づこうとしたバベルの人々は言語を乱されて果たせませんでした。

神様は案外嫉妬深いのでしょうか。いえいえ、神様がそれ程料簡の狭いはずがありません。きっと浅知恵を振り回す人間への警告なのでしょう。

6.3.2 思考は精神世界を作る

自然は無機物から有機物へと発達し、生命を生み出し、人類にまで進化します。人類はその脳髄を発達させて自己意識を持つようになります。今まで自然に反応していただけの生物が、自然を、そして自分自身を意識するようになったわけです。そしてそれまでの 自然（や社会）という世界 からはみ出した 精神の世界 をその脳髄の中に作り出します。

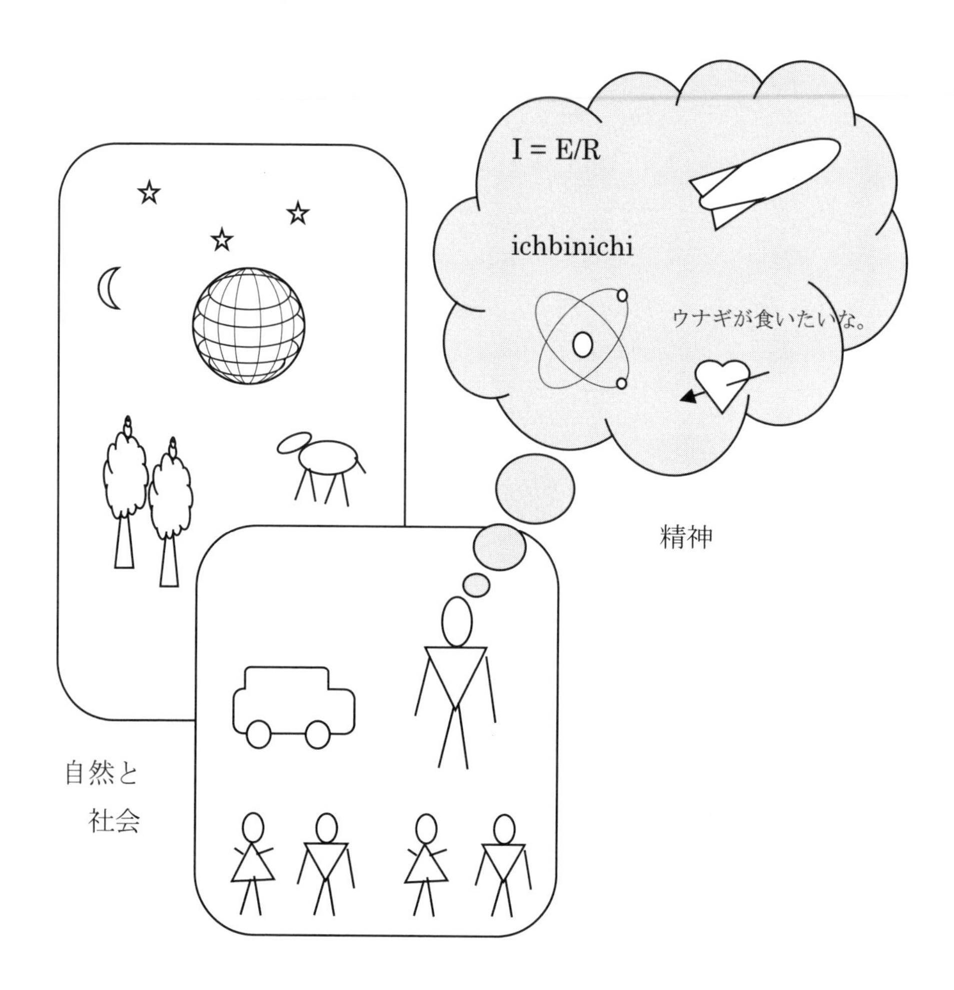

自然世界と精神世界はどちらが大きいでしょうか。精神世界は人の脳髄の中にあります。人間の脳髄の重さは体重の 2%くらいだそうです。地球にへばりついているすべての人類の脳髄の重さを足しても、地球の重さに比べてさえはるかに微小です。まして自然は大宇宙を含んでいます。しかし、この足し合わせても微小な脳髄のたった一つだけでも（つ

まりあなた一人だけでも)、宇宙の広大な世界を思惟することができます。また反対に分子の中の原子や素粒子といった微小な世界を考えることもできます。それだけでなく脳髄は時間を超えて過去や未来を考えることもできます。言ってみれば、私たち一人一人の脳髄は無限の時間と空間を含んでいます。

この精神世界を支えているのが「ことば」です。精神世界は自然世界を認識し、社会を作り、更に獲得した認識を自然に対して働きかけることによって確かめ、自然を自分に合わせて改造するまでになります。反面、この精神世界は自然から自立を強め、時には自然からかけ離れた世界観を生み出すこともあります。

6.3.3 「考える葦」であるために

「ことば」による思考が精神世界を作るところまで来ました。私たちはここで、17 世紀のフランスの哲学者、パスカルの教えを乞うことにします。

(1) 「考える葦」

パスカルは「人間は考える葦」だと言いました。せっかくですので先哲の言葉を聞いてみることにします。

「人間はひとくきの葦にすぎない。自然のなかで最も弱いものである。だが、それは考える葦である。彼をおしつぶすために、宇宙全体が武装するには及ばない。蒸気や一滴の水でも彼を殺すのに十分である。だが、たとい宇宙が彼をおしつぶしても、人間は彼を殺すものより尊いだろう。なぜなら、彼は自分が死ねることと、宇宙の自分に対する優勢とを知っているからである。宇宙は何も知らない。

だから、われわれの尊厳のすべては、考えることのなかにある。われわれはそこから立ち上がらなければならないのであって、われわれが満たすことのできない空間や時間からではない。だから、よく考えることを努めよう。ここに道徳の原理がある。」

「空間によっては、宇宙は私をつつみ、一つの点のようにのみこむ。考えることによって、私が宇宙をつつむ。」

(2)「演算する石」

最近ではコンピュータが性能を上げ、またプログラムの工夫で学習機能も持って人をしのぐ場面も多く見られるようになってきました。しかしその活躍の場面は、多くは囲碁や将棋などのゲームや乗り物の運行管理といった決め事の世界の中です。つまり配役を固定したコンピュータ・ゲームのようなものです。

もちろんコンピュータ・ゲームの中でも、登場人物を成長させることはできますし、確率などで同じ操作でも結果の違いを出すことによる面白さも取り入れることはできます。でもそれらはあらかじめ決められたプログラムによる成長、変化であって、あくまで演算の世界です。

また演算の世界も、入力装置や出力装置を付けて、リアル世界とつなげることもできます。新幹線の列車運行の制御などのように人類に大変役に立っており、コンピュータの無い現代社会は考えられないまでになっています。ですがそれもあらかじめ決められたアルゴリズムにおける働きであることには変わりません。

コンピュータはシリコンやガリウムといった半導体、すなわち「石」のスイッチング（オンとオフ状態の切り替え）の組み合わせでできています。コンピュータは人のできないような複雑な演算も高速に実現します。しかし所詮は決められた手順に従った半導体による電気信号の操作、つまり「演算する石」なのです。

コンピュータの神話

半世紀程前、コンピュータが社会生活の間に出現した時には、コンピュータは間違えないという神話が盛んでした。なにか疑問があっても、「コンピュータが計算したのですから」と言われて納得してしまうということもありました。実際はコンピュータが間違わないためには、データの入力が正しく、プログラムにバグが無く、更にコンピュータ自身が正常に動作しなければなりません。パソコンが普及すると、コンピュータも案外トラブるものだということが広く知られてきました。

今ではコンピュータ・シミュレーションへの神話があるようです。

コンピュータも性能をあげ、シミュレーションやAIを使った学習機能を使ってプロの棋士の実力を上回るような結果も出ています。しかし将棋は複雑な思考を要求されるゲームではあるのですが、それぞれの駒の動きや盤面の大きさは有限で固定されています。所詮は決められたルールの中での試合です。

また、天気予報や地震の予報でシミュレーションは身近なものになっていますが、シミュレーション用のデータが少なかったり、選び方が恣意的であったり、条件が違えば結構間違うものだと思います。千年間のデータでシミュレーションをしても、一万年に一度の地震には対応できません。

もちろんシミュレーションは私たちの生活に大変有用なものです。ただ、結果のもたらす影響の大きなものに対しては、シミュレーションのデータや条件がきちんと考えられているのか、検証が必要な場合が多いように思います。

(3) 「反芻する牛」

一方で私たち人間は自然に立脚しています。きれいな水や空気なしでは生命を保てません。腹が減ると力が出ず、食物のことしか頭に浮かばないようになります。欲望や恐怖に支配されますし、時には孤独から自殺する人もいます。つまり自然を支配しているようで、自然に寄りかかって生きています。

全ての動物はその生命を維持するためにつねに栄養を取ります。牛は食べたものを反芻することにより効率的な栄養の補給をしています。人も「考える葦」という意味では高等な精神活動をしているのですが、他方で動物としての基本的な生命活動が無くては生きていけません。つまり「反芻する牛」でもあるわけです。

(4) 「考える葦」であるために

認識論として考えると、私たちが思考し意識するのは精神世界においてだけということになります。

私たちが考えているのは全て精神世界でのことなのです。今この本を読んでいる人も、明日の仕事を思い煩っている人も、晩御飯のおかずに悩んでいる人も、皆自分の意識の中で考えている、つまり精神世界の働きとして思惟しています。

しかしその前提としては自然世界があります。存在論として考えると、自然世界は生成し、消滅し、流転し、運動し、発展し、生命を生み、脳髄を発達させ、その結果として精神世界を作りあげました。それでも自然世界に依存していることに変わりはありませんから、腹が減ると短気になりますし、熱が出ると考えることも億劫になります。

私たちは自然や社会といった外界と関係を持って生活しています。考えるためには、つまり「考える葦」であるためには、その前提として変化する外界（自然と社会）の正しい認識、正しい反映が必要です。感覚を研ぎ澄まして常に変化する外界を正しく捉え、その奥にある自然世界の法則（仏法でいうところの「法」）を掴む思考の力が必要になります。

第２部では「ことば」の獲得過程を考えてきましたが、最後に第６章で思考にまでたどり着きました。

6.1 節で、「ことば」の働きにおける思考の働きを考えました。思考においては論理的な思考と直感的な思考があって、日常の生活では混在して用いられているようです。

6.2 節で、認識と伝達における思考の働きを例で示しました。

「ことば」の獲得過程においては、認識と思考はどちらが先であったのかという疑問が出てきます。それで、思考には論理的なものだけでなく直感的なものがあり、「ことば」の獲得過程においては直感的な思考が主であったと考えました。その根拠として、「ことば」を持たない動物や幼児でも、直感的な思考があることを指摘しました。

「ことば」にとって、思考に用いられることが一番大きな文明への貢献だったのかもしれません。6.3 節では思考の世界、「ことば」の作る精神世界について考えました。私たちは自然に立脚しながら、自然や社会の変化を正しく反映させて認識し、思考することが大切です。

第２部のまとめ

(1) 「ことば」の萌芽は息吹だと考えられます。

① 無意識の叫びから、発声と意味（主張）を関係づけました。

② 借り物である呼吸器官や消化器官を使って発声を識別し、標識としました。

③ 標識（能記）で識別された内容（所記）は、共有されることにより「ことば」となり、概念となります。

(2) 「ことば」は重ねられて文になります。

① より多く、より詳しく表現するために「ことば」は重ねられます。各言語に応じた基本的な特徴ができます。

② 重ねた「ことば」が内容を正しく伝えるために、特徴に応じた決まりが派生します。

③ 決まりだけでは表せない表現や、理解を助けるためのストラテジーが使われます。

(3) 「ことば」は思考に使われます。

① 人は「ことば」によって思考します。直感的思考から論理的思考へと進みます。

② 認識や、伝達における表現と理解が、思考の働きによってなされます。

③ 人は思考によって精神世界を作ります。

私たちは「ことば」や文法は前もってある（存在する）ものとして生活しています。第１部で見てきた「ことば」の研究でも、「ことば」や文法が存在することを前提にして考えてきたように思います。第２部では「ことば」や文法が獲得されてきた過程を推理してきました。つまり、無から有への「ことば」の形成を考えてきました。

息吹から始めて、平明解釈流と称してできるだけ具体的に、地面から足を離さないように気を付けながら「ことば」の獲得過程を辿ってきました。

①「ことば」の獲得過程は認識過程です。自然や社会と言った外界の認識と並行して「ことば」が獲得されました。

②表現を豊かにするために「ことば」を重ねます。各言語は表現と理解を一致させるための決まりを作りながら表現を広げていきます。この決まりは「ことば」の内的要因にも基づきますが、自然や社会といった外的要因に基づいて、各言語間で多くの違いを生じます。

③「ことば」は伝達だけでなく認識や思考にも使われます。思考は論理的な思考と直感的な思考が合わさって、認識や伝達を支えます。論理的な思考に「ことば」が使われます。

第２部で見てきたことをもとに、第１部での課題について、つまり

① 所記と能記の恣意性から「ことば」を記号として、記号論理学として捉えることができるのか、② 記号論理学への批判としての「ことば」における主体性をどう考えるのか、③「ことば」の持つ特徴のなかで、私たちはどこまで「ことば」で表現できるのか、思考できるのか、と言ったことを、第３部で考えてみたいと思います。

第３部　「ことば」とはなにか

私たちは第１部で「ことば」をどのように研究してきたかを振り返り、第２部で人類による「ことば」の獲得過程を推測してきました。第３部では再度「ことば」について考えてみたいと思います。

第７章では、概念としての「ことば（語彙）」について考えます。ソシュールは言語を記号として捉えましたが、「ことば」は単なる記号ではなく、概念として常に変化する外界（自然）を反映します。

第８章では、「ことば」における主体を考えます。語彙を重ねて文や文章を作りますが、文や文章には書き手（主体）の目的があり、意図や思いが込められています。時枝誠記は「ことば」を生きた活動として捉えようとして、主体の陳述を辞として文法に取り込もうとしました。書き手（主体）はどのようにその思いを文に表すのでしょうか。

第９章では、時系列、離散、無限といった特徴から、「ことば」の持つ可能性を考察します。チョムスキーは「ことば」とは能力であると考えました。「考える葦」であるために、能力としての「ことば」をどのように用いればよいのでしょうか。

第7章　「ことば」は概念である

私たちは 4.3 節で「ことば（語彙）」が概念となることを見てきました。このことから、ソシュールの考えた「ことば（語彙）」の持つ恣意性について考えてみたいと思います。

7.1　能記と所記の恣意性と記号論

7.1.1 能記の恣意性ということ

まずはソシュールの言う能記の恣意性、つまり音素と音素列の選び方について考えます。

(1) 音素の選択について

4.2 節では「ことば」の形成過程での音素の選び方を見ました。
日本語では発声しやすい「あ段」が多く使われていることや、歯の発達していない（生え揃っていない）幼児には歯唇音や歯擦音を出すのが難しく、両唇音や破裂音（[p] や [b]、[m]）が発声しやすいこと、そして両唇破裂音と母音の「あ段」を使った発音が両親などの身近な対象に対して使われています。
また下顎の後退による日本語の発音の変化も見てきました。このように極めて自然な理由で（時には些細なきっかけもあってでしょうが）音素が選ばれてきたようです。

人の発声器官は呼吸器官や消化器官を借用しています。元々連続的である口の大きさ（開き方）や舌の位置を離散的に区分したわけですから、区分の仕方によって音素がその集団（言語）ごとに異なってくることは当然考えられます。言ってみれば、連続量を離散量で表す時の区切り方の違いです。長さという連続量を表す単位を、歩幅（フィート）としたか、手の幅（尺：親指の先から中指の先まで）としたかという違いがあったように、音素の選び方も異なっています。その上で、使いやすい音素を選んだと考えられます。

(2) 能記（音素列）の選択

次に音素列の選び方を考えます。

4.2節で、日本語には擬音語や擬態語（オノマトペ）から作られる「ことば」が多くあることを紹介しました。

大野晋は古代からの日本語の語彙を綿密に調べて、元々の日本語にはどれだけの語彙があったかを調べています。元の語彙から様々な別の語彙が派生したと考えて、元となった言葉を語根と呼ぶことにします。

例えば「さく」という語根からは

栄える、盛ん、咲く、といった「ことば」が派生しており、

「うつ」という語根からは　(現実に見えるという意味から)

写る　映る　移る　移す　移ろう　現（うつつ）　顕し

といった語彙が生じたことを、古典における使用例を詳細に調べて推測しています。 現代では3万語くらいあれば日常生活ができるそうですが、このように語根をたどっていくと1300語ぐらいまでは絞れるようです。しかし何処まで絞っても、その語彙が更に昔には別の語彙から作られている可能性を排除できませんから、大野晋はこれらの1300語を語根ではなく基礎語彙として紹介しています。[7/P145]

仮に語根を思い切り絞り込んで、それらを全てオノマトペなどから説明できれば音素列の選び方に理由があったと言えるのでしょうが、文字の無かった時代にまでさかのぼって調べることは不可能でしょうね。

しかし例えばですよ、はるか昔に私たち日本人の祖先が「ことば」を使い始めて、やっと数十、数百の「ことば(語彙)」を共有し始めた時のことを想像すれば、その時の「ことば（語彙)」の多くが擬音語や擬態語からの派生語、もしくはそれらに類するものであったと推定することもあながち間違いではないと思います。

つまり能記（音素列）の恣意性とは、視覚情報（を主とする表象）から聴覚情報への変換という全く性質の違った情報を結び付ける方法が、「ことば」の内的必然性としては無かったということです。しかしそれぞれの集団が能記を選ぶうえで、なにがしかの共有しやすさ（覚えやすさ）といった外的な要因はあったはずです。

(3) 能記の恣意性をどう考えるか

もし「ことば」の内的要因（だけ）で能記を選んだのであれば、多くの言語が共通の能記を持ったでしょう。能記を選ぶ内的要因が無かったことからソシュールは恣意性を主張しました。しかし、音素を選ぶのに発声しにくい音素を選ぶわけもありません。また音素列を他人と共有しようとするのに、能記が全くランダムであれば共有するのは難しいでしょう。脳科学的に考えても、連想記憶による方が記憶に残りやすいということが言えます。つまり、能記を選ぶうえでの外的要因はあったはずで、それが各言語で異なっていたということです。

7.1.2 所記の恣意性ということ

次に所記の恣意性について考えてみたいと思います。

(1) 所記の分節と差異

分節の仕方

2.2 節 で紹介したように、ソシュールは世界の分節の仕方は恣意的であるとして、いくつか例をあげました。

日本語の「牛」を英語では “cow” や “ox” という具合に分節しています。また英語では川を大きさによって “river” と “stream” に分けているのに、フランス語では海にそそぐか否かで "rivière" と "fleuve" とに分けています。

しかし分節の仕方の違いというのは、恣意的であるというより文化の問題であって、それぞれに生活している人たちの生活の必要から来ているのではないでしょうか。

牛を単に農耕の動力として使っていた日本人と違って、牛乳の供給源としても飼っていた英国人は、当然乳牛となる “cow” を “ox” から区別したかったでしょう。

川を水上交通に使っていた人たちは、川の大きさ、つまり舟の入っていける（もしくはすれ違える）川とそうではない川を、別の種類の川として認識したかもしれません。その一方で、海に生きる海人族の人たちは、海から直接入っていける川といけない川を、区別して呼んだかもしれません。

このように自然をどのように分節するかということは、本質的には生活の必要性とか、広い意味で文化から決められているのだと思います。それらを今となっては説明することが難しいので、恣意的に見えているということです。

分節における差異

ソシュールは世界を分節するうえで差異を強調しました。そして色を例えに使っています。青いものだけを見せて、青色を理解させることはできない、ほかの色と並べることで青色も理解できると言っています。更にその考えを拡張して、差異だけが意味があるとしています。

しかし差異だけで「ことば」を考えると、A とは B でも C でもないもの としか言えなくなります。青色は赤色でも黄色でもない色 と定義して、では 赤色は青色でも黄色でもない色 と説明して何が分かるのでしょうね。[21/P187]

現代に生きる私たちは、青色とは 450-495 nm、黄色は 570-590 nm、赤色は 620-750 nm という波長を持った光であることを知っています。色をどこで分節するかは文化によって違いはあるでしょう。しかしそれぞれの文化は（単に差異があるというだけではなく）波長のような自然に基づいた色の定義の範囲を持っています。

⑵ 「ことば」は定義される

ソシュールは分節や差異を強調しました。しかし 4.3 節で述べたように、「ことば」は所記と能記の恣意的な対応という単純な関係を超えて、概念として定義されます。

概念の定義のレベル

ソシュールは、「ことば」は網で世界を分節していると説明しています。つまり世界をおおった網の結び目が「ことば」になります。

しかし「ことば」は一枚の国別世界地図のように世界を分節しているわけではありません。時には、国別、県別のような階層にもなっていますし、国別だけでなく気候図や宗教分布図、言語分布図もあります。単なる網の目ではなく、世界を階層的に、重層的に、時には階層を超えて、時代の認識レベルに応じて世界を分節します。

概念の定義の仕方

更に大切なことは、「ことば」の定義の仕方も、様々な角度や見方があるということです。ソシュールは「ことば」の恣意性を説明するために、「のぞみ 52 号」の話を取り上げています。もちろん、ソシュールの時代には日本の新幹線はありませんでしたから、実際に彼が例に挙げたのは「午後 8 時 45 分ジュネーブ発パリ行き」の列車です。『ソシュール入門』という本の中ではこの例が日本人向けに「のぞみ 52 号」になっています。[21/P170]

「のぞみ 52 号」という能記は、毎日定時に運行される新幹線を示しています。しかしその所記である実際の新幹線の電車は、昨日の「のぞみ 52 号」と今日の「のぞみ 52 号」では全く違うものです。つまり多分車体も運転手も違うでしょうし、少なくとも乗っている乗客はほとんど違うはずです。それにもかかわらず、同じ「のぞみ 52 号」と呼んでいます。このことからソシュールは、「ことば」が単なる記号だと考えるわけです。

しかし、このことは、同じ能記で異なる所記を表しているというより、「ことば」が表す概念が、様々な仕方で定義されるということだと思います。私たちが「のぞみ 52 号」ということの意味、その概念を、「博多始発で、毎日 20 時 12 分に名古屋駅を出る東京行き（という共通の特質を持った、もしくはそのように運行される）新幹線の列車」と定義しているだけなのです。

概念の定義は変化する

私たちの持つ概念が変わることもあります。

「MH370」と聞いて何を連想しますか。「MH370」はちょうど「のぞみ 52 号」と同じように、定期便（ただし飛行機）の名前でした。クアラルンプールから北京に飛んでいました。しかし 2014 年 3 月 8 日、クアラルンプールを飛び立った「MH370」は消息を絶ち、各国の協力のもとになされた長期の大規模な捜索活動においても、ついに見つかりませんでした。以降は「MH370」と聞くと、定期便と言うより行方不明になった飛行機を思い起こします。このように私たちの持つ概念は時により変わることもあります。

(3) 概念の持つ範囲

そして各自の頭脳の中にある概念というものも、共通認識に必要な最小限の規定は保ちながらも、その意味する範囲や内容は「ことば」の用いられる状況や人によって異なっています。

「のぞみ 52 号」は、ある（博多の）人にとっては、博多から東京まで乗り換えなしで行ける列車であり、ある（名古屋の）人にとっては、仕事を終えてから名古屋駅に駆付ければ、その日のうちに東京にたどり着ける列車という価値（有用性）を持って認識されます。

このように概念というのは人によって違いを持っており、各自が微妙にすり合わせながら共有しているのです。

7.1.3 恣意性とは何を意味するか

ソシュールは能記と所記が恣意的であるとしました。恣意的と言うと各々の都合で、もしくは適当にと言う意味合いを持ちますが、きっと 必

然的で無い と言いたかったのだと思います。必然的ということは、内的要因だけによるということです。そうすると結果は皆同じになります。それに対して、必然的でないということは外的要因で決まるということになります。自然環境や社会、時には偶然によって決められます。

① 能記の恣意性

「ことば」は息吹を使って表現されますから、必然的に呼吸器や消化器である口や舌を流用し、呼気をコントロールすることで音素を作っています。

しかし流用の仕方は、それぞれの言語によって異なります。そのために、例えば寒い地方では口を大きく開けて発声することを避けるとか、顎や唇の発達状況といった、人体の差に起因する調音法の容易さといった外部要因による違いを持つことになります。

② 所記の恣意性

「ことば」は人の為す行為ですから、お互いに理解しやすい表現を選ぼうとしたはずです。そのための話す順番といったストラテジーなどがあります。「ことば」にとっての内的要因に基づくこれらの特徴は、各言語間で共通だと考えられます。

一方で生活の必要や気候、文化の違いといった外的要因によって、多くの異なった言語が発生します。

このように「ことば」は内的要因に基づく共通性もありますが、自然や社会、文化の違いと言った外的要因によっても決められます。様々な因果関係によって形成されます。ソシュールはこういった内的・外的要因による因果関係を無視し、外的要因の違いによる差異（の結果）だけを見て恣意性を主張したように思います。

7.2　概念は外界を反映する

ではなぜソシュールは、自然や社会と結びついている「ことば」から外的要因を無視する見方ができたのでしょうか。それは概念が脳内にあるからだと思います。

7.2.1 能記と所記は脳内にある

概念は脳内にあります。

「ポチ」や「チビ」や「マーシャ」を見て、犬という概念、すなわち「イヌ」という能記 と 「　」という所記 が脳内に形成されます。そして外部に別の犬を見た時、それと 脳内にある概念としての犬 とを比較して「ちょっと大き目だけど、やっぱり犬だ」とか判断するわけです。決して「イヌ」という能記だけが脳内にあって、その表す所記が外部にあるわけではありません。ソシュールの言う能記と所記は、所詮どちらも脳内の働きです。ソシュールは、一旦形成されて脳内にできた能記と所記の対応を固定して捉え、記号と考えたのではないでしょうか。

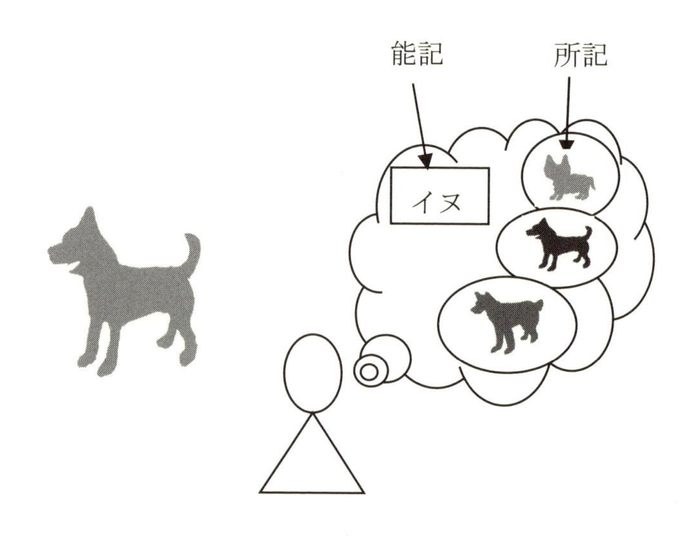

7.2.2 概念は変化を反映する

大切なことは、自然や社会の変化に対して、それを絶えず概念に反映させるということです。概念の表す対象自体が日々変化します。

日常における変化

私たちの身の回りの出来事は日々変化します。そして「ことば」の表す概念もこの変化を反映します。

「ポチ」「シロ」「チビ」でも「マーシャ」「ジューチカ」でも、たとえ同じ名前で呼ばれても昨日の「ポチ」と今日の「ポチ」は同じではありません。

小さい時に拾ってきたかわいい「チビ」はいつの間にか飼い主よりも大きくなりますし、「シロ」は真っ黒に汚れても「シロ」です。同じ「チビ」「シロ」でも変化しています。この日々変わる認識に基づいて私たちは会話し、日常生活を送っています。

7.2.3 外界から切り離された論理学は「演算する石」

変化を掴む努力を最初からしないで、「ことば」を固定された恣意的な記号として捉えて記号論理学を考えると、それは自然や外界とのつながりのない、脳内操作としての形式論理になります。

例えていうと、「歩」は前にしか進めないし「角」な斜めに進むものというようにあらかじめ決めてしまい、こういった取り決めによって駒を並べてそれらの関係性においてだけ思考する将棋や碁のようなゲームの世界、つまり「演算する石」の世界になってしまいます。

7.3　記号論理学とソシュールの時代

7.3.1 ラングと共時態

ラング

ソシュールは「ことば」の乱れから分析対象を抽出するために、パロールからラングを抽出しました。このことによって言語学研究の範囲を固定しようとしたのです。しかし、時枝誠記が考えたように、「ことば」は人間の活動です。ラングだけを言語学の対象とすることは、骨格見本だけで人体を理解しようとするようなものです。

結局ソシュールは文をラングと認めなかったのですから、「文を研究しない言語学って何なのだ」という話になってしまいます。

共時態

ソシュールは共時態を優先する研究方法を主張しました。これはソシュールが祖語の研究の経験から掴んだ大変貴重な手法であったと思います。一般に科学は事実の収集から分析に進みます。つまり特定の時代における事実を収集しそれを区別、分類します。そして区別されたものの間の関係、因果、変化を調べ体系的な理解へと進みます。つまり共時態で時間を固定するというのは、貴重な手法ではあるものの、事実の収集という最初のステップでしかありません。

旧い英語では、二人称代名詞は数と格で別の単語が使われていました。複数の時の主語と目的語は “ye” と “you”、 同じく単数の時は “thee” と “thou” だったそうです。今では全て “you” が使われます。しかし過去の代名詞を知らなくても現代の英語話者が困ることはありません。

そのことからソシュールは共時態（だけ）が意味あるものと考えて、言語は「その辞項の瞬間状態を離れてはなにものにも規定されることのない純粋価値の体系である」と述べています。[22/P48]

でも直接英語の二人称の分析には関与しなくても、そういった変化の事実や変化の仕方、理由などは、他の「ことば」との比較や因果関係として大切な場合もあるのではないでしょうか。

7.3.2 ソシュールの時代と記号論理学

ソシュールの時代、つまり19世紀末から20世紀の始めにかけては、自然科学の変動期でした。

それまでのニュートン力学や、陽子と電子で説明されていた原子論などの物理学が行き詰まり、新しく相対性理論や量子力学が登場する時代になります。その過程で科学への不信が芽生え、それまでの物理学の前提である素朴実在論的な「もの」の存在を疑問視する考えが生じました。

物質は存在しない、私たちが捉えることができるのは単なる感覚の集まりだけであり、感覚の集まりを経験として集積し、この経験の集積から構造を考えて、それを世界として理解しようという考えが広まります。

こういった主張を推し進めると次のようになります。

「感覚は物の記号でさえもない。むしろ物とは、相対的な安定性を持つ感覚の複合をあらわすための思想上の記号である。物（物体）ではなくて、色、音、圧力、空間、時間（われわれが普通に感覚と呼んでいるもの）が世界の本来の要素である。」

そしてこういった感覚器官からの要素が経験として組織だてられるので、大事なのは経験として組織だてる形式や構造であるということになります。本質を捉えるよりも、目の前にみえる形式や構造から考えるということになります。

このような時代背景の中で、ソシュールは「ことば」の所記と能記の恣意性に注目して、「ことば」を記号と考えました。

自然や社会を感覚でのみ捉え、その奥にある自然の摂理や社会の変化を考えずに関係性だけから理解しようとする時代の流れの中で、言語を記号として捉えたソシュールは、言語を使った記号論理学が言語学のみならず、社会科学（人間科学）の方法論としても有用だと考えたようです。

2.2 節で紹介したように、ジョナサン・カラーはソシュールの考えから、本質よりも関係、慣習と価値の体系 を強調しています。でき上がった慣習や社会的価値によって根底所在の体系ができているとし、この根底所在から社会の現象を解釈しようとしました。つまり出来上がった社会を前提に（疑問を持たずに）社会学を考えるということになりそうです。しかし根底所在自体が歴史的産物ですから、結局何らかの本質の変化から生じる歴史的説明を必要とすることになるように思います。

7.3.3 私たちの時代のリアリティ

私たちの生きてきた時代、20 世紀末から 21 世紀の始めは、コンピュータやインターネットが普及しました。現代では、感覚、それも視覚と聴覚だけのバーチャル・リアリティの世界が広がり、フェイク・ニュースが現実政治を動かすようになってきました。自然や社会の本質や現実が見えなくなった時代だと言えないでしょうか。

では人はどのようにして、感覚の背後にある自然や社会の本質を掴むことができるのでしょうか。そのためには人の主体的な活動が必要になります。ソシュールを批判して主体を強調した時枝誠記の言語過程説を見てみることにしましょう。

ソシュールの変綴（アナグラム）研究

ソシュールは晩年にはあまり論文を書きませんでした。変綴の研究をしていたようです。変綴というのは、一種の「言葉遊び」です。

「言葉遊び」にも種々あります。例えば日本人であれば誰でも「あいうえお」を知っていますから、「あし（葦）」「いし（石）」とくれば、次は「うし（牛）」だなと考えます。[P158]

変綴では、言葉の中の文字の順序を変えて別の言葉を作ったり、文中から文字を抜き出して別の言葉を見つけ出します。例えば森田さんは、文字の順序を入れ替えて、芸名の「タモリ」にしています。

ソシュールは、古い詩（ラテン詩）の文の中に使われているアルファベットを組み合わせると、大事な単語が出てくるということを見つけようとしました。潜在的にでも大切と思う言葉があれば、その単語の文字を分解して文の中に埋め込むようなことが**慣習**として成り立つ、「無意識のうちにおける文字の固執」があると考えました。[22/P159]

確かに韻を踏むとか、似た発音を続けるといったことは技法としてあります。しかしそれらは修辞としての技法であって、慣習として成り立つとか「ことば」そのものの本質として捉えてよいのかは疑問です。

言語学の対象をラングに限定し、記号論理学に還元してしまうと、「ことば」についての研究が変綴などにその範囲を狭めてしまうのでしょうか。

第８章　「ことば」で認識・伝達・思考する

「ことば」における主体について考えます。

8.1　過程説における詞と辞

3.3節で述べたように、時枝誠記は「ことば」は認識・伝達・思考という人間の行為・活動と考えて、「ことば」における主体を強調しました。そして助詞や多くの助動詞を辞と考え、直接主体と結び付けました。

8.1.1 辞における主体

時枝誠記は、本居宣長や鈴木朖を援用して、日本語における助詞や助動詞の重要さを説きました。助詞である「てにをは」を、仏像を荘厳する蝋燭や花に、また衣服を繋いでいる糸に例えました。[P82]
こうして助詞などの働きを辞として、主体を表すと考えたのですが、果して荘厳や糸（だけ）が主体と成り得るのでしょうか。

仏像と荘厳

時枝誠記は花や蝋燭で荘厳することが主体の働きだと主張していますが、仏像が有難く意味があるのは、それらが大日如来であり、薬師如来であり、観音菩薩であるから（それぞれを主体とするご利益があるから）だと思います。また荘厳する人だけでなく、仏像自体、仏像を作らせる人、彫る人にもそれぞれの主体があるはずです。

衣服の布と糸

時枝誠記は、糸を衣服における主体の働きとして説明しています。

衣服を作るには、布地や糸、ボタンなどの素材が準備されます。基本的なデザインが必要で、それに適した寸法と柄の布の準備、裁断、縫合などのいくつかの作業があります。その中で縫子（ぬいこ）の働きは重要ではあるのですが、縫子だけ、もしくは糸だけが衣服の主体とは言えないと思います。一般的にはデザイナーが全体の主体で、縫子は製作者の一人です。

たしかに、「衣服を作ったのは誰か」と聞かれて、「縫子さん」と答えるのは間違いではないかもしれませんが、ちょうど「大阪城を築いたのは誰か」と聞かれて、「（豊臣秀吉ではなくて）大工さん」と答えるのと同じような気がします。

8.1.2 詞に込めた主体の思い

芭蕉と近江の人

松尾芭蕉に次の有名な句があります。

「行く春を 近江の人と 惜しみける」（松尾芭蕉）

この句に尚白という人が、「近江の人 ではなくて 丹波の人 でもよいし、行く春 は 行く歳 でもよいじゃないか」と批評しました。

この批評についての感想を芭蕉に聞かれた去来は、「尚白の批判は当たっていない、春霞がかかってぼんやりしている実際の景色を見た実感から、近江の春が選ばれているのだ」と答えます。

芭蕉は「しかり。古人も此の国に春を愛すること、をさをさ都におとらざるものを」と言って、去来のことを褒めます。

つまりここで芭蕉がその思いを主体的に込めようとしたのは 行く春、近江の人 という部分です。つまり詞にあたる部分ということになります（筆者には 近江の人 が、壬申の乱で滅んだ近江朝の人々を意味しているようにも思えます）。[P16]

芭蕉と松島

4.3 節で、同じく芭蕉の句を紹介しました。

「松島や　ああ松島や　松島や」（松尾芭蕉）

この句では辞は、感嘆詞の ああ と助詞の や しか使われていません。また詞は名詞の 松島 しか使われていません。この句の主体である芭蕉の伝えたかった感動の中身はどこに表現されているのでしょうか。4. 3 節では、松島の美しさは松島という「ことば」でしか表されないと考えました。[P114]

芭蕉の思い

もし文の（俳句の）作成者が、助詞を使って主語や目的語を指定したこと（形式）をもって主体の働きとするなら、助詞が主体と解釈することもできますが、文の 作成者の表したかったこと（内容）を主体の表現と考えるなら、芭蕉の句における主体の表現は 近江の人 や 松島 に込められているとしか言えないのではないでしょうか。主体の表したい内容は必ずしも辞に表されるのではなく、多くの場合詞でもって表現されます。

8.1.3 助詞の無い表現

時枝誠記は詞と辞を客体と主体として捉え、常に文の中で組み合わされて表現されると考えました。辞（に当たる助詞や助動詞）が無い場合にも、実は 零の辞 があるのだと説明しています。

「ことば」の始まりは感情表現としての叫びであったと考えました。しかも「ことば」の始めは、たった一言の単語が発声されたと思います。当然、助詞などはありませんでした。古典でもよく助詞や助動詞が省略されます。省略されるというより元々は無かったという方が正確なように思います。表現したい内容が複雑化し、文の中の単語（語彙）の関係を明確にする必要が生じ、その必要に応じて助詞（や助動詞）が作られていったのでしょう。助詞が使われなかった時代にも主体の思いは「ことば」として発せられていたのではないでしょうか。

本居宣長や鈴木朖は、ともすれば見逃されがちな助詞の持つ積極的な働きを強調しました。しかし時枝誠記はそれを拡大解釈して直接主体と考えたように思います。

辞と詞を主体と客体と捉えるのは無理なようです。では「ことば」において、そして文法において、主体をどのように考えればよいのでしょうか。

8.2　主体と文法

「ことば」における主体と文法について考えます。時枝誠記は、日本に昔からある仏教の根と境が、主体と客体という捉え方であり、それが辞と詞に当てはまると主張しました。[P83]

8.2.1 六根と六境は主体と客体

3.3 節で概説した六根と六境を、主体と客体という視点で考えます。

「法」を客観と考えます。

例えばリンゴは、リンゴの客観、つまりリンゴの持つ摂理や法則性に従って成長します。種から、芽が出て、木になり、実がなります。実には種が付いて、種が地に落ちると芽を出すというように、自然は繰り返します。このように「法」という客観、つまり リンゴの持つ法則性 に従ってリンゴは変化しますが、それぞれの段階においてそれに見合った色や香り、味（すなわち五境）を現象させます。

これが**客体**、すなわち「六境」です。

現象した刺激（五境）は、人の眼や鼻、舌（すなわち五根）で感覚されます。ただし感覚された刺激だけでは、リンゴというものを知覚することも、その本質を掴むことはできません。知覚しその本質を掴むには「意」の働きが必要です。

「意」を主観と考えます。つまり 過去の記憶、認識、それに想念（思考）という働き です。この主観が、感覚の捉えた情報を総合してリンゴと認識することができますし、種から芽が出て実がなる自然の繰り返しを含めたリンゴの本質を、概念として捉えます。

これが**主体**、すなわち「六根」です。

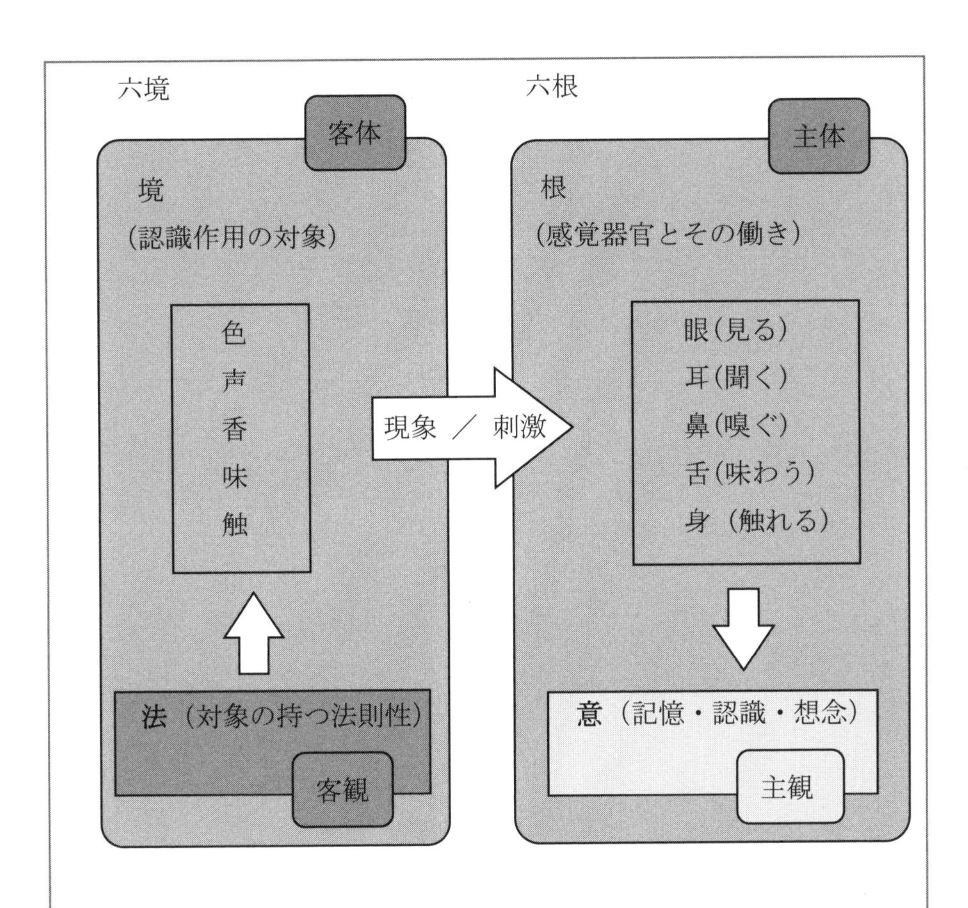

（注：6. 3 節では、自然世界が人の脳髄の中に精神世界を作ると説明しました。自然世界を客観、精神世界を主観とすると、私たちの身体も自然世界に属していますから、脳髄の働きだけ、すなわち「意」だけが主観で、それ以外は客観に含まれるということになります。[P154] ）

このように考えると、六根と六境を主体と客体と捉えることができます。そして日本の古代からこういった客体と主体をきちんと認識した考え方があったと言えます（ただしこの考え方は、日本古来というより 仏教の教えとして取り入れられた という方が正確かもしれません）。

このように六根と六境が主体と客体を意味するとしても、問題はそれらが辞と詞で表されるだろうかということです。

例えば「リンゴ」を見て（齧って）「赤い」とか「甘い」とか感じたとします。こういった「リンゴ」「赤い」「甘い」という語彙は名詞や形容詞ですから、過程説で言うところの詞になります。確かに リンゴ自体や「赤い」「甘い」という性質は客体です。しかしそれを「リンゴ」と捉える、もしくは（同じ味でも）「甘酸っぱい」「甘みが足りない」と捉えるのは主体です。こういった「ことば」は概念として人の脳内にそれぞれのイメージを持って（つまりリンゴの好きな人も嫌いな人もいますからそれぞれの価値を持って）存在しています。主体の価値判断や思いの詰まった概念を、詞として客体として（だけ）扱うのは無理があるように思います。

8.2.2 主体的であるために

主体的であるためには、どうあるべきでしょうか。

六境、六根の図では省略していますが、私たちの体には感覚器官と共に運動器官があります。感覚神経と共に運動神経があります。

主体的とは

① 主体がその持つ五根によって客体（外界）の持つ五境を正しく把握するだけでなく、

② 五境の奥にある 客体の法則性としての「法」 を、主観にある「意」 によって正しく認識することであり（そのために必要であれば、対象をいじくりまわし舐めまわします）、

③ その結果としての認識に従って、表現や行為でもって外界に働きかけていくことです。

もし、感覚だけを頼りにして、人の思考の働き、すなわち「意」を用いなければ、日々食うことだけを事とし、外界には単に反応することになります。ちょうど「反芻する牛」のように生きるための外界への反応、本能だけの対応になってしまいます。

もし、過去の感覚を固定し「法」や「法」による日々の変化を理解せず、「意」だけに頼って 思惟すると「演算する石」になってしまいます。正しく外界に反応することはできないことになります。

主体的ということは、自然や社会があるべき姿でなければ、それを変えるよう働きかけるという人間の活動です。しかしその際に外界を正しく認識していなければ、働きかけが無駄になるだけでなく、時には自然や社会を損なうこともあります。そのために思考が大切であり、その思考を「ことば」が支えています。

8.2.3 日本語はどのように主体の思いを伝えるか

主体的であるというのは全人的な活動です。では「ことば」はどのように主体の思いを伝えるのでしょうか。その中で文法はどのような役割を果たすのでしょうか。

モダリティ

文における話し手の判断や認識を表す表現の一つにモダリティがあります。「かもしれない」「〜してもよい」「〜しなければならない」といった事柄に対するモダリティや「楽しいね」や「美味しいよ」の「ね」や「よ」のような聞き手に対するモダリティがあります。これらによって、可能性や蓋然性、義務、許可といった主体の判断や認識が表現されます。

思いの表現と文法

主体の思いは、思いに合った適切な概念（名詞や形容詞、動詞）を選んで表現されます。そのうえでモダリティなどの表現によって思いは伝えられます。それ以外にも倒置や比喩などの文法的手法にも思いを伝える手段があります。しかし、文法の中に詞と辞という形で、主体の思いを表す形式が常にあるということではありません。

文法は正確な伝達のための形式

「明日は雨です」という文には、あくまで一つの事実（の予想）しか表現されていません。話し手の断定という受け取り方はできるのでしょうが、それも話し手の確信か、天気予報の単なる受け売りかは分かりません。まして話し手の気持ち（雨で旅行に行けない無念さか、恵みの雨で野菜が安くなる嬉しさか）は、更に表現を重ねることでしか分かりません。

「ことば（文)」は、基本的には事実（と思われる情報）を伝えようとします。その場合に話し手と聞き手の理解を一致させ、共有させるために、語順や変形を決まりとして意識したのが文法ではないでしょうか。

そのうえで、主張、意見、思い、意図、感情、強制、願い、要求、推定、気持ちの強さを伝えます。

文法にも、モダリティの表現や倒置などで思いを伝える仕組みを含みます。さらに修辞やストラテジーでも伝えます。しかし、文法に主体の思いを伝える仕組みが必須事項として含まれているわけではありません。

時枝誠記は主体の重要性を考えるあまり、文法の一番基本の中に一足飛びに主体の思惟（思い）を伝える仕組みを取り込もうとしたように思います。

8.3　時枝誠記の目指したもの

8.3.1 時枝誠記のソシュール批判

時枝誠記（や福田恆存）の感じた西洋的なもの、批判したかったものとは何だったのでしょうか。それはソシュールの言語学の中の形式論理主義、つまり外界から切り離された脳内作用としてだけの記号論理学的な言語の把握の仕方だったと思います。つまり「演算する石」への閉塞感を感じたのではないでしょうか。

それに対して時枝誠記は「ことば」を「場における表現と理解という伝達活動」と捉えます。つまり自然や社会における人間の活動として主体的に捉えようとしたのだと思います。

8.3.2 「ことば」は人間の活動

時枝誠記は「ことば」における思惟の働きを強調しています。『講座日本語の文法(2)』の「言語において文法とは何か」の中で、「言語過程説においては、言語を、表現・理解の行為と考え、文法は、表現において、一連の思惟を展開させるのに必要な基本的形式である」と述べています。[5(2)/P3]

しかし思考（思惟）は表現に必要なだけでなく、思考自体が主体に大切な行為です。主体的とは、人間の活動の在り方であり、それを支えているのが思考です。主体的であろうとするならば、「考える葦」として、正しく社会を認識し活動する必要があります。

時に人間の思考は過ちを犯すこともありますが、過ちと修正を繰り返して人は真実に近づき、知識を豊かにしていきます。

時枝誠記と「意」

時枝誠記は「ことば」は表現と理解の行為・活動だと指摘しました。つまり「ことば」は伝達（コミュニケーション）の行為であり、その過程で思考が用いられるとしたのです。

しかし、「ことば」は伝達のために使われるだけでなく、認識や思考そのものにも用いられます。つまり、認識・伝達・思考の全てで、「ことば」が論理的思考を支えており、論理的思考は直感的思考と併用されています。

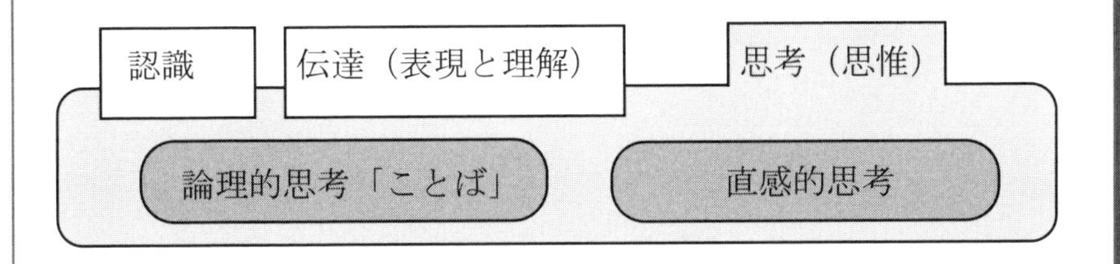

時枝誠記は鈴木朖を評価しました。鈴木朖が助詞について「詞ニツケル心の声ナリ」と書いているのを、助詞が主体を表している証左と捉えました。[P83]　山田孝雄はこの鈴木朖の言葉を理解できなくて「要するに一種の謎に過ぎず」と評しています。時枝誠記は、「山田孝雄は西洋の言語学に対して日本的な見方をしたが、鈴木朖についてはよく理解しなかったようだ」と述べています。[5(1)/P13]

その後で時枝誠記は仏教における六根六境を紹介しているのですが、五根の説明をした後で、「その次はよくわかりませんが「意」というのがあります」と書いています。[5(1)/P24]

時枝誠記は、表現と理解における思惟の働きについては強調しましたが、「意」そのもの（認識における思考の働きや、思考に「ことば」が使われること）については深く考えなかったのではないでしょうか。

8.3.3 仮説としての言語過程説

「ことば」は人間の活動ではありますが、文法は「ことば」を使った行為を成り立たせるために必要な基本的な形式です。「ことば」の表現と理解を一意的にするするための決まりです。

主体的であるための思考に「ことば」が必須であり、そのためには正しく表現と理解、認識できる必要があります。正しく表現、理解、認識するための形式が文法です。文法自身が主体を表すわけではありません。

時枝誠記の「ことば」に対する捉え方は積極的ではありました。しかしそれを直接文法に持ち込み、客体と主体が必ずセットで表されると考えたのは無理があったように思います。

時枝文法の後継者の中でも、助詞の分類や詞と辞の分け方に諸説あり、意見が違ったようです。文法として、それまでの橋本文法に置き換わるだけの統一した見解には達しなかったのではないでしょうか。

橋本進吉は、実証的な研究を緻密に積み重ねるという方法で研究をしました。それに対して、時枝誠記は大胆な仮説を立てて、その仮説を検証するという方法論を取っています。時枝自身が、言語過程説を仮説的理論とし、「その妥当性を検証することが重要な作業として残される」と述べています。[5(3)/P2], [5(1)/P227]

時枝誠記の主張した言語過程説は大胆な仮説ではありましたが、詞と辞をセットと考える時枝文法は、どうも剣道でいうところの「大上段からの唐竹割り」とはいかなかったようです。

時枝誠記とフッサールの現象学

時枝誠記は言語過程説を考える際に、フッサールの現象学を参考にしたと述べています。[5(1)/P23] フッサール（1859 年～1938 年）はオーストリアの哲学者、数学者です。ユダヤ系であったために、ヒットラー政権成立後の晩年はほとんど活動の場を得られなかったようです。

私たちは第２部を始めるにあたって、自然の存在を前提にしてきました（素朴実在論）。フッサールの現象学はそのような自然が存在しているという考え方をやめて、私たちに「現れる」現象だけを問題にします。つまり存在するものが現象すると考えるのではなく、現象を受け取っている人間の意識から、世界や自分を考えようという立場です。そうすると現象の奥にある自然の摂理を「法」として捉えようとはしなくなりますから、感覚だけを頼りとした考えになりそうです。

時枝誠記はソシュールの記号論理学を批判しましたが、能記と所記を固定して脳内で論理を構築するソシュールと、実在を離れて現象だけを認めるフッサールとどこか似ている気がします。

フッサールを参考にした時枝誠記は、ソシュールの呪縛から逃れきれなかったように思います。

第９章　「ことば」を成り立たせている能力

9.1　チョムスキーの言語獲得

9.1.1 「ことば」の形成

2.3節でチョムスキーの生成文法を見てきました。チョムスキーは幼児における言語の獲得過程から言語を考えました。幼児は周りの大人から「ことば」を学ぶわけですから、幼児の言語獲得過程というのは言ってみれば言語の習得過程（言語を学ぶ過程）ということになります。すなわち言語の存在が前提とされています。

私たちが第２部で考えてきたことは、人類がいかに「ことば」を獲得してきたか、つまり「ことば」の成立過程（言語を作る過程、形成過程）だということになります。

9.1.2 「ことば（語彙）」の獲得

「ことば（語彙）」で表現するためには、表現すべき「もの」が前提になります。話し手が表現すべき「もの」を意識し、それを言語化して発声するわけです。そして、そのためには話し手と聞き手の間に、「もの」についての共通の概念が必要です。共通の概念があって初めて、表現と理解が可能になります。つまり「ことば」の成立過程には、認識過程としての概念の形成と、この「ことば」すなわち概念の共有化の過程が必須だということです。語彙についてもチョムスキーは 語彙辞典から選んでくる ことから構文論を始めますが、実際には共通の語彙を概念として持つこと（語彙辞典の作成）自体が「ことば」の成立過程においては必要になります。

9.1.3 生成文法と能力について

生成文法では、あらかじめ普遍文法があって、それを幼児が自分の周りで話されている言語に適用して各個別文法を習得する、というように考えます。つまりパラメータ理論では、英語、中国語、日本語に関するパラメータがあって、幼児はこのパラメータで選んで各言語を習得するということになります。

幼児の言語獲得では、あらかじめパラメータが遺伝子の中に形成されていたという考えもできるかもしれませんが、人類による言語の形成過程ですでにパラメータがあったとは考えにくいですよね。それに幼児の言語獲得過程においても、例えば現在世界で100の言語があって、まだ見つかっていない101番目の言語があれば、幼児はこの101個目のパラメータも持っているのでしょうか。

チョムスキーは生成文法論で、人がいかに論理的に（規則を回帰的に適用することによって）、文を理解するかを説明しようとしました。しかし、各言語には普遍文法のような論理があってそれをパラメータで切り替えるというより、各言語はそれぞれの文の表現を正確に伝える構造（文法）を論理的に作っていったという方が自然だと思います。

そう考えると、各個別言語の文（文法）を作ることを支えたのは、各個別言語を持つ集団における論理的な思考能力である、と言えるのではないでしょうか。

9.2節で「ことば」の持つ特徴について考察してから、9.3節で能力としての「ことば」について考えてみます。

9.2　「ことば」の持つ特徴

「ことば」は時系列という特徴を持っています。またチョムスキーは、「ことば」の持つ離散・無限という特性に注目しています。これら「ことば」の持つ特徴について考えてみます。

9.2.1 時系列ということ

「ことば」は息吹であり、空気振動を通じて伝達するという性質上、どうしても時系列になります。

「ことば」には時間が必要

視覚による芸術、絵画や彫刻では全体を一目で見ることができます。その最初の瞬間の印象が絵画の表現にとっては大切な要素です。しかし聴覚による芸術、例えば音楽では時間とともにしか鑑賞できません。音楽を初めて聞く場合、どのような終わり方をするかは最後まで予測できません。劇やオペラのように聴覚と視覚を同時に使う芸術でもどうしても聴覚に必要な時系列という特性を離れられません。

「ことば」もこういった時系列性、全体を説明するのに時間を要するという性質を持っています。絵画であれば「まあ見てくれ」で見てもらえるのですが、「ことば」で説明しようとすると、「話せば分かる」ということは、反対に時間をかけて話さないと分かってもらえないということです。この時系列という性質は、文字という視覚表現になっても基本的には変わっていません。

語順と文法

時系列という特徴から、「ことば」にはどうしても語順という問題が生じます。表現を豊かにするために「ことば」を重ねますから、どうしても語順を決める必要が生じます。文法とは語順を決めることと品詞分けというのは言い過ぎでしょうが、少なくとも「ことば」が時系列であることが、文法を必要とさせているとは言えそうです。

そういえば絵画には文法は無いですね。主題は真ん中に画けとか、時間軸は上から下になるように画けというような決まりはありません。

時系列性における伝達のシンクロ

文は語彙が時系列に並んでいます。文が集まって文章になりますが、やはり文章においても多くの文は時系列に並びます。

文章表現するうえで、この時系列性というのは不便なものではあるのですが、有利な面もあると思います。つまり、ある程度論理的な説明を必要とする時に、順番を追って説明できる、表現者の説明と、聞く人の理解をシンクロさせることができます。このことは論理的な思考、説明にとって大変重要なことだと思います。

例えばスピーチでの順序、つまり説明の順序を指定できます。まず現状の説明、次に現状の問題点、それから対策案、予想される結果、というようにストーリー展開できるのです。

プレゼンテーションなどでは、基本的に聴覚による説明になります。もちろん、絵や図面を使うことにより視覚の助けを借りて理解を早めることができます。しかしあくまでも「ことば」をメインの伝達方法としている以上、表現の形態は時系列になります。そして説明の仕方という意味で、文の（時系列の）並べ方が大切になります。

9.2.2 離散ということ

今まで私たちは繰り返し離散ということを見てきました。ソシュールが離散について差異を強調することも見てきました。

「ことば」は規定する

私たちは第４章で、「ことば」の獲得過程を考えてきました。「ことば」を獲得するというのは同時に認識過程であり、「もの」を周辺から切り出して知覚する、更にその性質を取り出して他のものから区別します。区別すると言うことは、性質のうちの違いを分離するということですから、離散と言うのは「ことば」の本質と言ってよいと思います。

精度と正確さ

精度ということは、物事を 細かく 示せるということです。

正確ということは、物事を 間違いなく 伝達できるということです。

離散値は連続値の反対概念です。どうしても精度は失われます。仕事帰りにビールを一杯、ちょっと飲み足りないけど二杯じゃ多いという場合に、必要量を精度よく注文することはできません。ですから精度という意味では連続値が優れています。しかしその反面、離散値では正確に伝達（表現・記憶）できます。ビールをこれくらい飲みたいとジェスチャーで注文されてもウエイトレスは困ってしまいますよね。二杯という情報は容易に伝達できます。

ではこの離散値の精度はあいまいなままでしょうか。離散値でも情報量を増やす、説明を重ねれば精度は上げられます。数字であれば桁数を増やせばよいということになります。

例えば円周率など（いわゆる数学で言う無理数ですね）いくら桁数を増やしても誤差は無くなりません。しかし私たちの生活では、時代によって必要な精度というものがあるもので、江戸時代の樽職人の必要な円周率の桁数と、現代の宇宙船の開発者に必要な円周率の桁数は違います。江戸時代には江戸時代の必要な精度があればよいわけです。そして多分人類は、時代毎に必要な精度をその時代に得てきたのです。

<u>世代を超えて正確に伝える</u>

離散値は、適当な精度であれば正確に表現できます。

時代や世代を超えて記憶を伝える、また離れた人に対して正確に伝えるのは連続値では難しいのですが、離散値であれば（原理的には）途中の誤差なしに伝えることができます。

人類が文化を伝えてきたのは「ことば」が離散であったからとも言えるように思います。

9.2.3 無限ということ

<u>組み合わせによる無限と回帰的無限</u>

離散かつ時系列であるという制限のもとで、私たちはどこまで表現できるのでしょうか。離散であることをカバーしようとすると精度を上げるために説明を重ねることになりますし、時系列である「ことば」を使って説明を重ねるにはある程度の時間が必要になります。

ソシュールは、ラングの対象を文には広げませんでした。つまり、文というのは語彙の組み合わせが無限になるので、学問の対象にはできないと考えたようです。しかし元々「ことば」は表現をしてから理解しますから、逆に言うと文を作るうえで無限の作り方（表現）ができるということです。もちろんそのうちのほとんどの組み合わせは文として成り立たないでしょう（名詞と動詞を組み合わせて「鳥は飛ぶ」という文はできても、「山は飛ぶ」という文は普通には意味を成しませんね）。

チョムスキーは、その統語論を展開するにあたって、ソシュールは回帰的無限ということを理解しなかったと言って批判しています。回帰的無限に対しては、その規則さえ理解すれば人は無限を恐れずに理解できると考えました。

言語と数における無限

チョムスキーは、離散無限と言う特性が人だけに備わっており、言語と数機能に現れていると考えています。

チョムスキーは「どの自然言語を見ても必ず、文の長さを原理的に無限に長くできるメカニズムが備わっている」と述べています。

また「離散無限であるというこの特性は、どうやら人間のみが有していて、かつ、言語機能と数機能にのみ現れているように見える」。[24/P19]

そしてこの（離散無限を扱う）「言語能力が、原始的な概念システムと結びついた時に、自由な思考を産みだす能力を構成するのに不可欠な要素が得られることになる」と述べています。[24/P70]

無限の時間における人の営み

私たちは無限という意味を、組み合わせや回帰的というように難しく考えなくても、もっと易しく捉えてもよいのではないでしょうか。

人類は何万年も、何十万年もの間、（だらだらと？）無限に多くを語って（語ろうとして）きたのです。例えばリンゴを理解するためにその色や味から始まって、食料になること、栄養素、成長過程、生育の仕方、品種改良、と多くを語ってきました。そのおかげで私たちは美味しいリンゴを食べることができます。

エデンの園でリンゴを齧ってアダムとイブが付けた知恵が、スティーブ・ジョブズなどによって人類にパソコン時代を招いたのも、私たちが無限に表現できる「ことば」を持ち、「ことば」を積み重ねてきたからです。人類は無限を感じていた、そして「ことば」を重ねることで、多くの物事を表現できることを悟っていたのです。

コロンブスはアメリカ大陸の存在を確信して（確信したからこそ）船出をしました。私たちの祖先が無限という概念を（漠然としてではあるが）持ち、「ことば」が無限の積み重ねでもって必要な事柄を表現できるであろうことを心の中で信じていたからこそ、「ことば」で表現しようとした、「ことば」を発達させたとは考えられないでしょうか。

人類は 真理に辿りつけるのか、昔から多くの哲学者がそういった本質的な疑問を発し否定的な考えを述べてきました。

自然は汲み尽せない階層の様相を呈しているようです。ちょうど円周率のようなもので、何時まで経っても計算しつくせません。しかし私たちは「ことば」を重ねることによって、もしくは何世代もの時間をかけて、限りなく 真理に近づける、言い換えればその時代に必要な円周率の桁数にはたどり着けると信じてよいように思います。

チョムスキーの言う 人類が持つ無限という特性 の意味を、上記のように考えてみてはいかがでしょうか。

「ことば」の持つ特徴とコンピュータ

チョムスキーは、言語の持つ特徴として、離散、時系列、無限をあげました。これらの特徴を見て、思い当たることは何でしょうか。私は現在のコンピュータを思い浮かべました。私たちが普段目にしているほとんどのコンピュータはデジタル（離散）処理を基本とし、中心となるプロセッサはプログラムを時系列的に実行します。データ量は飛躍的に増えていますし、プログラムをループ（繰り返し）させればいつまでも計算し続けます。

人間のすることは、所詮コンピュータと変わらないと考えることもできますが、自然が作り上げた人類の持つ特徴を、人類が考えた機械がまねていると考えた方が適切なように思います。

動物は最適化を図りながら様々な機能を獲得してきました。その中にはうまく最適になったものもあれば、進化の過程からやむなくそうなったものもあるそうです。例えば元々四本足で歩く脊椎動物であった人類が直立し、体の中心より後ろにある背骨に内臓をぶら下げるようになったことで、人類は肩こりや腰痛に悩まされているそうです。反対にトンボの羽とか蜂の巣の六角構造など、自然の妙技を工学者がまねて物作りに役立てることもあります。

人間の思考は論理的なものだけではありません。直感的な思考と共同で働いているようで、非常に複雑な働きをしています。昔はアナログ・コンピュータもありましたが、今ではほとんどデジタル・コンピュータです。離散、時系列、無限という人類の持つ言語のすぐれた特徴の一部だけを、コンピュータが後追いをしているように思います。

9.3　「ことば」とは能力

フンボルトは、言語は能力であると考えました。チョムスキーも、言語とは人間の保有する機能・能力であると述べています。

9.3.1 「ことば」はどこにあるのか

「ことば」はどこにあるのでしょうか。ソシュールまでの言語学が、言語というものをなにか外部にあるもののように考えていたように思います。私たちも、もしある外国語、例えば英語を勉強しようとすれば、まず辞書や文法書、読み物を揃えますよね。テキストを揃えて、「これが英語だ」と考えてしまいます。チョムスキーは、言語は辞書や文法書にあるのではなく、人間の持つ能力だと考えました。

チョムスキーの唱えた生成文法論も、言語が能力であるという考えから来ています。そうだとすると、チョムスキーの主張した普遍文法や個別文法というのは、具体的な文法規則や変換規則というより、そういった文法規則に込められた論理的な考え方 というように解釈してはどうでしょうか。普遍文法という共通の文法理解能力があって、幼児は、その能力を使って個別文法を理解していくと考えていいと思います。

そうすると私たちは「ことば」を支えている言語能力をどのように研究していくことができるのでしょうか。私たちの論理的な思考だけでもその仕組みを明らかにすることは難しそうです。更に私たちの思考には論理的なものと直感的なものが合わさっていますから更に複雑です。

私たちは「ことば」について考えることで、記述的妥当性（どうなっているか）を研究することはできます。しかし、説明的妥当性（なぜそうなっているか）を知るためには脳内の神経細胞（ニューロン）の仕組みや神経細胞間の接続の仕方、伝達物質の伝わり方など、チョムスキーの言うように脳生理学の助けが必要になるのでしょう。

チョムスキーは、生成文法は言語機能という脳の一側面（認知モジュール）に関するモデルを提供しているのであり、その意味で脳科学の一部であると考えているようです。 [24/P30]

9.3.2 「ことば」という能力を鍛える

子供は急速に「ことば」を覚えますが、言語能力というのは一度獲得するとそれでおしまいというものではありません。「ことば」は常に進化しますし、社会の考え方が反映されます。子供の獲得する言語は、必ずしも大人と同じものではありません。子供用の本があるのも（子供が大人の本を読めないというのは）、もちろん語彙の問題もありますが、やはり構文や言い回しなど、子供の獲得している言語の未熟さがあると思います。

私たちの経験でも、中学で英語を習うと簡単な挨拶とか日常の生活はそれなりに習得できます（できているはずです）。外国のマクドナルドでハンバーガーを注文するくらいはできるでしょう（店員はお客さん相手なので一生懸命理解しようとしてくれるはずです）。でもシェークスピアを読むとか、科学論文や契約書を読む、議論を交わすということになると、はるかに努力を必要とするはずです（語学のレベルが試されるのは、友好関係の時ではなく喧嘩（交渉）の時だそうです。悪意のある相手と議論をする時は、ちょっとした間違いでも揚げ足を取られてしまいます）。

つまり言語能力には、単に話せる、話せない（もしくは文章を書ける、書けない）という区別だけではなく、場合に応じた努力がいるということになります。

9.3.3 「考える葦」であるために

パスカルは「人間は考える葦」であると言いましたが、そうであるためにはそれなりに考える力を鍛える必要がありますし、「ことば」を大切にすることが必要だと思います。

ギリシャの哲学者たちは、現代の私たちより、自然に対する知識ははるかに少なかったのですが、深く考えることにより、多くの功績を残しました。彼らの考えは現代の私たちにも多くのものを伝えています。

翻って現代社会に生きる私たちは、科学の発達による自然に対する豊富な理解と莫大な知識を持っています。小学生でも、古代の哲学者たちより、はるかに多くの知識を持っているでしょう。知識だけでなく、コンピュータ・シミュレーションなどの手段も豊富です。しかしある事実から思考によって物事の本質を理解していくという能力においては、退歩しているのかもしれません。知識はあっても、その知識でもって正しく思考しているとは限らないようです。

地震の原因を知らずに、鯰のせいにしていた江戸時代の人々と、地震の原因が活断層であると知りながら、その真上近辺で原子力発電所を稼働させている21世紀の我々と、どちらがより能天気であるのか、より思考能力があるといえるのでしょうか？

第３部のまとめ

(1)「ことば」は概念です。

① 概念の内容を音素列（能記）で表すのに内的必然性のある方法はありませんが、発音しやすい、覚えやすい音素（列）を選ぼうとしたでしょう。

② 概念の内容（所記）自体は自然の反映ですから、その集団での自然の反映の仕方、つまり文化を反映したものになります。

③ 概念はあくまでも脳内活動です。正しい概念を維持するには常に変化する外界を反映することが必要です。

(2)「ことば」で認識・伝達（表現と理解）・思考します。

① 主体の思いは「ことば」の表す内容ですから、直接文法という形式にあるわけではないようです。

② 仏教における六根や六境は、主体と客体の関係を表していますが、そのまま詞と辞に結び付けるのは無理があると思います。

③ 各言語の「ことば」の決まりを、後追いで文法として理論づけています。

(3)「ことば」は能力です。論理的な思考能力に支えられています。

①「ことば」は獲得されます。各言語によって伝達が一意的になるように論理的な構造を作ります。

②「ことば」は、離散、時系列、無限といった特徴を持ち、文化の継承性や必要な認識の発展を支えます。

③「ことば」は能力であり、思考や認識を深める努力が必要です。

「ことば」は、時系列、離散、無限といった特徴を持っています。不便な面もありますが、人類はその特徴を生かして（その特徴のおかげで）文明を築いてきました。

① 「ことば」は概念として豊かな内容を持っています。ソシュールは所記と能記の恣意性を強調し、所記と能記の対応を固定して「ことば」を単なる記号として捉え、形式論理の世界に閉じ込めてしまいました。

私たちは自然や社会の変化を、常に正しく概念に反映していく必要があります。

② 時枝誠記は言語過程説において、「ことば」を表現と理解という活動として捉え主体の働きを強調しました。しかし主体を強調するあまり、文法という形式の中に直接主体を取り入れてしまったようです。

文法は、表現と理解を正しく行うための決まりですから、主体の思いを伝える様々な形式も含んではいますが、その形式の基本である品詞にまで主体を取り入れようとしたのは勇み足であったように思います。

主体的とは人間の全人的な活動です。主体的であるためには自然や社会の変化の認識と、必要であれば外界への働きかけが必要になります。そのためには思考の働きが大切ですが、思考の働きを支えているのが「ことば」です。

③ 「ことば」は能力です。ということは身体と同じように鍛える必要がありますし、鍛えなければ衰えるとも言えます。主体的であるためには、「考える葦」であるためには、「ことば」を大切にして言語能力、思考能力を鍛える必要があるようです。

おわりに

第１部では、如何に「ことば」が扱われ研究されてきたかを見ました。
第２部では、「ことば」の獲得の歴史を推理してきました。
そして第３部では、「ことば」とは何かを考えてきました。

「ことば」というと書き言葉を考えますが、本質的には「ことば」とは話し言葉です。それで『日本語言始』としても、何万年、何十万年かかった日本人の言語獲得に関して、話し言葉を中心に大胆に推理してきました。そして「ことば」とは何かについて考えてきました。

「ことば」とは人類の持つ能力であり、表現と理解、思惟や思考という人間の活動です。

「ことば」の獲得過程は自然を認識する過程であり、「ことば」を作りあげたのは論理的な思考です。そして同時に、認識や論理的な思考を支えたのは「ことば」です。

最後に書き言葉について考えます。

書き言葉は自分のペースで読めます。それに繰り返し読むこともできます（この本を読んでいる皆さんも、もしあなたが心の素直な人であれば、きっとこの本を再度読み直すことになると思います）。

何よりも書き言葉は記録として残せることにより、文化や文明の継承を可能にしてきたと言えます。確かに文字を持たなかった文明もあったわけですが、少なくとも現在に続いている文明は文字によって継承されてきました。そういった意味でも文明の進歩にとって文字の発明は必要不可欠であったと思います。

私たちの日本も、中国から漢字を学びました。そしてその漢字をもとに、日本語も「書き言葉」、つまり文字に書かれた日本語を手に入れることになったのです。

712年、現存する日本で最初の書物とされる
『古事記』が元明（げんめい）天皇に奏上される。

書物に記録された日本語の歴史がここから始まります。

（9頁に続く）

参照文献

(1)	神々の流竄	梅原猛	集英社文庫
(2)	古事記	倉野憲司	岩波文庫
(3)	古代国語の音韻に就いて	橋本進吉	岩波文庫
(4)	日本語の歴史（１～７、別冊）	亀井孝　他	平凡社
(5)	講座日本語の文法（１～４）	時枝誠記　監修	明治書院
(6)	現代語の文法	山崎良幸	武蔵野書院
(7)	日本語をさかのぼる	大野晋	岩波新書
(8)	日本語の文法を考える	大野晋	岩波新書
(9)	日本語の起源	大野晋	岩波新書
(10)	古典文法質問箱	大野晋	角川文庫
(11)	日本語はどこからきたのか	大野晋	中公文庫
(12)	日本語はいかにして成立したか	大野晋	中公文庫
(13)	日本語と私	大野晋	新潮文庫
(14)	語学と文学の間	大野晋	岩波現代文庫
(15)	日本語はいかにつくられたか？	小池清治	ちくま学芸文庫
(16)	日本語はどこから生まれたか	工藤進	ベスト新書
(17)	漢文の素養	加藤徹	光文社新書
(18)	日本語のしくみがわかる本	町田健	研究社
(19)	まちがいだらけの日本語文法	町田健	講談社現代新書
(20)	古典基礎語辞典	大野晋	角川学芸出版

(21)	ソシュール入門	町田健	光文社新書
(22)	ソシュール	ジョナサン・カラー	
		（訳）川本茂雄	岩波現代文庫
(23)	生成文法がわかる本	町田健	研究社
(24)	生成文法の企て	ノーム・チョムスキー	
		（訳）福井直樹・辻子美保子	
			岩波書店
(25)	我々はどのような生き物なのか	ノーム・チョムスキー	
		（訳）福井直樹・辻子美保子	
			岩波書店
(26)	メディア・コントロール	ノーム・チョムスキー	
		（訳）鈴木主悦	集英社新書
(27)	覇権か生存か	ノーム・チョムスキー	
		（訳）鈴木主悦	集英社新書
(28)	民意と人権を語る	ノーム・チョムスキー	
		聞き手 岡崎玲子	集英社新書
(29)	翻訳のおきて	河野一郎	DHC
(30)	日本語の秘密	市枝由次	星雲社

あとがき

(1) 筆者は以前（2012 年）『日本語の秘密』という本を出版しました。「ことば」に関心を持って頂こうと、普段気が付かない日本語の話題についてトピック的に書いてみました。今回はもう少し「ことば」を体系的に考えてみました。少しでも多くの人に興味を持っていただければ幸いです。

(2) 筆者は言語を専門に勉強をしたわけではありません。間違いや勘違もあると思います。それでも筆者の考えたことの中に、少しでも役立つことがあればと願い本書を執筆しました。昔の人は言いました。

“He who makes no mistakes makes nothing.”

「過ちを犯さないのは何もしない人だけである。」

自然科学の発展に人は追いついているのか、インターネットやツイッターで情報（説明より個人の主張、説得より感情）があふれる時代に、時には沈思黙考、昔のギリシャの哲学者のように思考を深めることも必要なのではないでしょうか。多くの人に「ことば」への興味を持って頂くことで、少しでも人文の光が増しますように。そしてできればこの本がその一助となることを願います。

(3) 当時二軒隣に住んでおられた縁で、『日本語の秘密』以来校正をして頂きました元編集者の岡野和美氏、プロフィール写真を撮って頂きました今井千束氏、日頃お世話になっている多くの皆様に御礼を申し上げます。

2018 年　端午

著者プロフィール

市枝　由次

九州大学 修士課程修了

元 ㈱日立製作所 勤務

nihongokenkyu@yahoo.com

日本語言始（にほんご ことはじめ）

2018 年　6 月 30 日　初版第一刷発行

著　者　　市枝　由次

発行所　　ブイツーソリューション
〒466-0848　名古屋市昭和区長戸町 4-40
電話：052-799-7391 / FAX：052-799-7984

発売元　　星雲社
〒112-0005 東京都文京区水道 1-3-30
電話：03-3868-3275 / FAX：03-3868-6588

印刷所　　モリモト印刷

ISBN978-4-434-24745-3